Quick Guide

Quick Guides liefern schnell erschließbares, kompaktes und umsetzungsorientiertes Wissen. Leser erhalten mit den Quick Guides verlässliche Fachinformationen, um mitreden, fundiert entscheiden und direkt handeln zu können.

Weitere Bände in der Reihe http://www.springer.com/series/15709

Lydia Hagen · Christina Münzer

Quick Guide Content

Der Weg zum perfekten Content für mehr Reichweite, Awareness, Leads und Social-Engagement

Lydia Hagen
xpose360 GmbH
Augsburg, Deutschland

Christina Münzer
xpose360 GmbH
Augsburg, Deutschland

Quick Guide
ISBN 978-3-658-23585-7   ISBN 978-3-658-23586-4 (eBook)
https://doi.org/10.1007/978-3-658-23586-4

Die Deutsche Nationalbibliothek verzeichnet diese Publikation in der Deutschen Nationalbibliografie; detaillierte bibliografische Daten sind im Internet über http://dnb.d-nb.de abrufbar.

Springer Gabler
© Springer Fachmedien Wiesbaden GmbH, ein Teil von Springer Nature 2019
Das Werk einschließlich aller seiner Teile ist urheberrechtlich geschützt. Jede Verwertung, die nicht ausdrücklich vom Urheberrechtsgesetz zugelassen ist, bedarf der vorherigen Zustimmung des Verlags. Das gilt insbesondere für Vervielfältigungen, Bearbeitungen, Übersetzungen, Mikroverfilmungen und die Einspeicherung und Verarbeitung in elektronischen Systemen.
Die Wiedergabe von Gebrauchsnamen, Handelsnamen, Warenbezeichnungen usw. in diesem Werk berechtigt auch ohne besondere Kennzeichnung nicht zu der Annahme, dass solche Namen im Sinne der Warenzeichen- und Markenschutz-Gesetzgebung als frei zu betrachten wären und daher von jedermann benutzt werden dürften.
Der Verlag, die Autoren und die Herausgeber gehen davon aus, dass die Angaben und Informationen in diesem Werk zum Zeitpunkt der Veröffentlichung vollständig und korrekt sind. Weder der Verlag noch die Autoren oder die Herausgeber übernehmen, ausdrücklich oder implizit, Gewähr für den Inhalt des Werkes, etwaige Fehler oder Äußerungen. Der Verlag bleibt im Hinblick auf geografische Zuordnungen und Gebietsbezeichnungen in veröffentlichten Karten und Institutionsadressen neutral.

Springer Gabler ist ein Imprint der eingetragenen Gesellschaft Springer Fachmedien Wiesbaden GmbH und ist ein Teil von Springer Nature
Die Anschrift der Gesellschaft ist: Abraham-Lincoln-Str. 46, 65189 Wiesbaden, Germany

Inhaltsverzeichnis

1	**Einleitung**	1
	1.1 Definition Content	3
	1.2 Was will Google eigentlich?	4
	1.3 Definition Content-Strategie	7
	1.4 Definition Content-Marketing	8
	Literatur	9
2	**Was Content bewirken kann**	11
	2.1 Die Außenwirkung guten Contents	12
	2.1.1 Reichweite erzeugen	13
	2.1.2 Brand-Awareness	13
	2.1.3 Image	16
	2.1.4 Branding	17
	2.1.5 Expertise	18
	2.1.6 Autorität	18
	2.2 Der Einfluss von Content auf den User	20
	2.2.1 Vertrauen	20
	2.2.2 Kundenbindung	22
	2.2.3 Social-Engagement	23

	2.3	Guter Content aus Sicht der Suchmaschine	24
		2.3.1 User-Behavior-Daten	27
		2.3.2 Backlinks	28
	2.4	Ziele von suchmaschinenoptimiertem Content	29
	Literatur		31
3	**Content-Arten**		**33**
	Literatur		40
4	**Definition des optimalen Content-Fokus**		**41**
	4.1	Zielgruppenanalyse und -definition	41
	4.2	User-Intent: Was Nutzer wirklich wollen	48
		4.2.1 Drei Arten von Suchanfragen	50
		4.2.2 Do: Transactional-Search	52
		4.2.3 Know: Informational-Search	52
		4.2.4 Go: Navigational-Search	55
	4.3	Content-Planung entlang der Customer-Journey	55
	4.4	Die Aufgaben des Contents	60
		4.4.1 FISH-Modell	60
		4.4.2 Inhaltliche Content-Ausrichtung	62
	4.5	Wrap-Up: Wie hebe ich mich von klassischen Webtexten ab?	65
	Literatur		66
5	**Der Weg zum perfekten Content**		**69**
	5.1	Strategie	69
		5.1.1 Definition von Zielen	70
		5.1.2 Ausrichtung auf eCommerce	71
		5.1.3 Ausrichtung auf Reichweite	71
		5.1.4 Ausrichtung auf Branding	72
	5.2	Audits	73

5.3	Recherchen	77
	5.3.1 Technische Analysen	77
	5.3.2 Themenpotenziale aufdecken	79
	5.3.3 Von der Recherche zur Struktur für neuen Content	83
5.4	Planung für effizienten Content	85
	5.4.1 Aussagekräftiger Redaktionsplan und Briefings	85
	5.4.2 Strenge Guidelines für die Umsetzung	88
5.5	Effiziente Content-Erstellung für lang anhaltende Erfolge	90
	5.5.1 Basics der Texterstellung	91
	5.5.2 Psychologie bei der Content-Erstellung	96
	5.5.3 Storytelling und Emotion	98
	5.5.4 Klassische SEO-Onpage-Faktoren	102
	5.5.5 Qualitätsprüfung für hochwertigen Content	110
5.6	Die richtige Content-Verbreitung	117
	5.6.1 Warum die Verbreitung überhaupt so wichtig ist	118
	5.6.2 Die richtigen Kanäle wählen	118
	5.6.3 Die Wichtigkeit des Pre-Outreaches	120
	5.6.4 Welche Anforderungen stellen die Kanäle an den Content	121
5.7	Monitoring	125
	5.7.1 Was sind eigentlich Erfolge im Content-Marketing?	126
	5.7.2 Die Wahl der richtigen KPIs	127
	5.7.3 Priorisierung der Inhalte nach Search-Metriken	128
	5.7.4 Emotionale Erfolge in Zahlen messen	130
Literatur		136

6	**Optimierungsstrategien**	139
	6.1 Irrelevanten Content sofort löschen?	140
	6.2 Evergreen-Content schaffen	145
	6.3 Republishing vorhandener Inhalte	147
	6.4 Repurposing vorhandener Formate	149
	Literatur	151
7	**Ausblick: Wohin mit all dem Content?**	153
	Literatur	156

Anhang Tool-Tipps — 157

Glossar — 159

Über die Autoren

Lydia Hagen (Online-Redaktion) Lydia Hagen ist Online-Redakteurin und hat sich auf die Erstellung von suchmaschinen- und zielgruppenorientiertem Content spezialisiert. Durch zahlreiche Projekte im Verlag und in Agenturen konnte sie tief greifendes Fachwissen in der Content-Erstellung erfolgreich präsentieren. Detaillierte Themen-Recherchen sowie die Erstellung mehrwertbringender Texte für den Leser sind ihre Leidenschaft. Dabei liegt der Fokus stets auch auf dem SEO-Ansatz, um die Anforderungen der Suchmaschinen zu erfüllen.

Kontakt: https://www.linkedin.com/in/lydia-hagen/

Christina Münzer (Content-Marketing) Christina Münzer ist als Content-Marketing-Managerin in der Online-Marketing-Branche tätig. Dabei hat sie sich auf die strategische Content-Optimierung von Websites sowie die zielgruppenorientierte Verbreitung von Inhalten spezialisiert. Durch ihren Marketing-Background wird jedes Content-Projekt sowohl kreativ als auch mit klarem SEO-Fokus verwirklicht, um maximale Erfolge erzielen zu können. Ihr Steckenpferd ist die Konzeption von Landingpages, die aufmerksamkeitsstark agieren und die Zielgruppe emotional ansprechen.

Kontakt: https://www.linkedin.com/in/christina-muenzer/

1

Einleitung

> **Was Sie aus diesem Kapitel mitnehmen – Sie erkennen**
> - Worin die Chancen des Internets für Kleinunternehmer und Einzelkämpfer liegen.
> - Welche Kriterien für den Erfolg Ihres Contents gelten.
> - Welche Vorteile Ihnen Content-Marketing bietet.
> - Weshalb eine Content-Strategie notwendig für den Erfolg ist.

Heute ist es für viele kaum mehr vorstellbar, dass es einmal eine Zeit ohne die vorhandene Informationsvielfalt im Internet gab. Wir greifen bequem zum Smartphone oder Tablet oder setzen uns vor den Desktop und können ganz unkompliziert und in Sekundenschnelle den gewünschten Content aufrufen.

Gehen wir einige Jahre zurück: Bis Mitte der 90er-Jahre gab es die ersten wenigen Internet-Nutzer in Deutschland, die sich schwerpunktmäßig über Diskussionsforen und Chatrooms austauschen konnten. Die ersten E-Mail-Systeme gab es bereits in den 70er-Jahren. Diese waren allerdings für die Meisten zu teuer und zudem alles andere als selbsterklärend. In den 80er-Jahren war es bereits möglich, sich in die

Welt des Internets zu begeben – zumindest für die, die komplizierte Computerbefehle oder Programme beherrschten.

Mit dem Internet-Boom Mitte der 90er-Jahre wurden mehr und mehr Inhalte ins Internet geladen. Neben kommerziellem Content waren auch die ersten privaten Inhalte zu finden. Damals ging es vorwiegend um Text als um Bilder oder weitere Formate. Alles war sehr einfach gestrickt und von einer guten Usability und User-Experience konnte bei weitem nicht die Rede sein.

Dass wir heute Teil einer selbstbestimmten Wissensgesellschaft sind, die einen absoluten Werbe- und Informations-Overload erlebt, hat zu Beginn des Internet-Booms wohl keiner vorhergesehen. Die Einstellung zum frei zugänglichen Content- und Informationsüberfluss im Internet hat sich geändert. Daher müssen wir in Sachen Content umdenken und das komplexe Handwerk zu beherrschen lernen (Eck und Eichmeier 2014). Denn wie sagte Microsoft-Gründer Bill Gates 1996 in seinem berühmten Essay „Content is King" so schön: „Wenn sich Leute schon die Mühe machen, einen Computer anzuschalten, um etwas auf dem Bildschirm zu lesen, müssen sie mit fundierten, aktuellen Inhalten belohnt werden, die sie nach Belieben durchsuchen können" (Evans 2017). Und genau diese Aufgabe verfolgen wir heute!

Denn Content meint viel mehr als reine Texte zu produzieren und diese den Lesern zur Verfügung zu stellen. Die User sollen eine einmalige Erfahrung erhalten und an ihre Mitmenschen weitergeben. In diesem Buch sollen nach der Definition relevanter Begriffe die Content-Arten vorgestellt werden. Anschließend geht es um die zielgerichtete Ausrichtung des Content-Fokus, um die gewünschte Zielgruppe zu erreichen. Wie dieser Weg zum perfekten Content genau funktioniert wird in Kap. 5 ausführlich erläutert – von der Strategie über die Planung und Erstellung bis hin zur Verbreitung und dem Monitoring der Inhalte. Abschließend wird auf mögliche Optimierungsstrategien hingewiesen, welche in regelmäßigen Abständen von den Verantwortlichen durchgeführt werden sollten.

1.1 Definition Content

Was ist eigentlich „Content"? Laut Cambridge Dictionary ist Content „the articles or parts contained in a magazine or book, with the number of the page they begin on", „the ideas that are contained in a piece of writing, a speech, or a film" oder ganz allgemein „everything that is contained within something" (Cambridge Dictionary o. J.). Wird das Ganze auf das deutsche Wort „Inhalt" übertragen, werden im Duden die Definitionen „das in einem Gefäß, Behältnis o. Ä. Enthaltene" oder „etwas, was etwas geistig ausfüllt; Sinn gebender geistiger Gehalt" (Duden „Inhalt" o. J.) genannt.

In den vergangenen Jahren ist Content zu einem Buzzword geworden, das sich fest in der Marketing-Welt etabliert hat. Das Spannende dabei ist: Für jeden Marketer bedeutet Content etwas anderes. So besteht Content für YouTube-Influencer aus Videos, auf Instagram sind es Bilder, die als Content dienen. In der Suchmaschinenoptimierung sind es Webtexte, die unter SEO-Gesichtspunkten optimiert wurden, während im Content-Marketing informative Inhalte, die emotional aufbereitet werden, im Fokus stehen. Für Suchmaschinenmarketing sind es die Textanzeigen in der Suchmaschine.

Apropos SEO-Content, also Texte, die speziell für die Suchmaschine geschrieben werden, um im Web bestmöglich gefunden zu werden. So die altbekannte Definition dieser Art des Contents. Heute geraten diese Texte schnell in Verruf, denn man denkt sofort an Kategorietexte von Online-Shops, die nicht nur oberflächlich recherchiert wurden, sondern gleichzeitig nur so von ein und demselben Keyword trotzen – hallo, Keyword-Spamming! Dieses Vorurteil gilt es heute, durch elementares Hintergrundwissen, aus dem Weg zu räumen, um zunächst einmal Texte mit einer extremen Präsentation des Keywords „rote Schuhe" wie in Abb. 1.1 zu vermeiden und im zweiten Schritt, einen Schritt zurückzutreten und nicht in der Masse Texte zu produzieren, sondern Nutzern hochwertige und mehrwertbringende Inhalte zu schenken. Hier gilt ganz klar: Qualität vor Quantität!

Innerhalb eines Tages werden Milliarden von Inhalten veröffentlicht, hier einige Zahlen (Meg 2017; Kroker 2016):

Damen Schuhe Rot

Hier finden Sie rote Damenschuhe, die am Fuß jeder Lady genauso wie Ihr knallroter Lippenstift ordentlich Eindruck schinden werden. Rot ist eine sehr ausdrucksstarke Farbe und verleiht Ihnen eine selbstbewusste Ausstrahlung, die allen imponieren wird. Zum einen finden Sie hier sportliche rote Damenschuhe, die beim Sport auf dem Powerpeak Heimfitnesstrainer zu Höchstleistungen anspornen, zum anderen finden Sie hier sexy rote Absatzschuhe, die Ihrem Bein zusätzliche Länge verleihen. Wenn Sie es möchten, können Sie den ganzen Schuhschrank mit roten Damenschuhen vollstellen. Es werden rote Hausschuhe angeboten, die Sie davor bewahren kalte Füße zu bekommen. Auch rote Sommerschuhe, die Sie an den Füßen nicht ins Schwitzen kommen lassen, sondern mit Frische versorgen, da die Sohlen genauso wie das Obermaterial sehr atmungsaktiv sind, können Sie hier finden. Rote Damenschuhe mit Schnürsenkeln zum Auswechseln oder rote Slipper, in die man ganz einfach rein- und rausschlüpfen kann. Hier finden Sie rote Damenschuhe in allen erdenklichen Ausführungen, die man zu allem kombinieren kann, die aber trotz allem dem Betrachter zuerst ins Auge fallen.

Abb. 1.1 Beispiel eines Webtextes mit extremer Keyword-Nutzung. (Quelle: o. A. Ladenzeile o. J.)

- 3,26 Mrd. Internet User (Stand Dezember 2015)
- 2,9 Mrd. Suchanfragen pro Tag
- 2,7 Mio. Blogposts werden täglich veröffentlicht
- 70 % der Suchanfragen online resultieren in einer Conversion
- 80 Mio. Fotos werden täglich auf Instagram gepostet
- 300 Mio. Fotos werden täglich auf Facebook hochgeladen
- 80.000 Videostunden sind auf YouTube verfügbar

Bei all diesen Inhalten fällt es selbst der Suchmaschine schwer, die Content-Relevanz zu definieren, vor allem, wenn diese nicht deutlich hervorgehoben wird. Genau aus diesem Grund sollte der SEO-Aspekt auch weiterhin im Fokus stehen – allerdings aus einem anderen Blickwinkel betrachtet.

1.2 Was will Google eigentlich?

Google arbeitet stetig an der Verbesserung der Algorithmen, um den Usern das bestmögliche Suchergebnis zu liefern. Dabei werden regelmäßige Updates ausgerollt, die teilweise umfassende Auswirkungen auf das Ranking der Seiten haben. Einen Bereich dieser Updates stellen diejenigen dar, die sich auf den Content der Websites auswirken. Hierzu gibt es drei grundlegende Google-Updates, deren Algorithmen immer wieder angepasst werden. Wer Content erstellt oder Content-Marketing betreibt sollte diese Updates in- und auswendig kennen, damit stets hochwertige Inhalte bereitgestellt und unerwartete Ranking-Abstürze vermieden werden können:

Panda-Update (Realtime) Das erste Panda-Update wurde Anfang 2011 für alle Sprachen weltweit ausgerollt. Das Update betrifft nicht nur einzelne Unterseiten oder URLs, sondern die gesamte Domain eines Betreibers und soll der Erkennung minderwertiger Inhalte dienen. Dem Suchenden sollen hochwertige Ergebnisse geliefert werden, die ihm so schnell wie möglich das für seine Suche beste Ergebnis liefern. Faktoren, die einen Rankingverlust durch das Panda-Update hervorrufen, sind unter anderem:

- Geringer bis kein einzigartiger Inhalt/Unique-Content
- Doppelte Inhalte/Duplicate-Content
- Geringe Verweildauer
- Hohe Absprungraten
- Seitentitel und Seiteninhalt stimmen nicht mit der Suchanfrage überein
- Keyword-Spamming
- Geringe bis gar keine qualitativ hochwertigen Backlinks

Penguin-Update (Realtime) Nur kurze Zeit später war es abermals Zeit für eine Algorithmen-Änderung, welche die Bewertung der Website-Qualität beträchtlich beeinflusste. Am 24.04.2012 wurde das Penguin-Update ausgerollt, das sich gegen Webspam-Techniken aufbäumte. Unter Webspam versteht Google sämtliche Techniken, die gegen die Google-Webmaster-Guidelines verstoßen. So zum Beispiel Keyword-Stuffing, Link-Schemes oder Cloaking. Vor allem jedoch betraf der Filter Webseiten mit einem sichtlich künstlichen Backlinkprofil.

Hummingbird-Update Das Hummingbird-Update ist wohl das zentralste Update, das am 26.09.2013 die Google-Algorithmen entscheidend veränderte – mehr als 90 % aller Suchanfragen weltweit waren davon betroffen. Während bei den vorherigen Updates ausschließlich Änderungen der Ranking-Algorithmen vorgenommen wurden, zielte das Hummingbird-Update auf die Änderung des Query-Processings beziehungsweise das bessere Verständnis der vom User eingegebenen Suchanfragen ab. Grund dafür sind Long-Term-Keywords, die vermehrt für eine Suchanfrage genutzt werden, z. B. „rote Schuhe kaufen online".

Ziel ist es daher, Suchanfragen besser zu verstehen und die semantischen Zusammenhänge besser interpretieren zu können. So werden nicht mehr nur einzelne Wörter/Terme zusammenhangslos interpretiert und ein passendes Suchergebnis ausgegeben, sondern die Suchanfrage im Gesamten. Durch die regelmäßigen Updates erschwert sich auch die Arbeit der Online-Redakteure, die stets am Puls der Zeit schreiben müssen. Nur so können plötzliche Google-Updates bestritten werden, um einer Website mit all ihren Unterseiten einen andauernden Erfolg zu ermöglichen.

Was also will Google eigentlich? Die Frage lässt sich ganz einfach beantworten: Die Suchmaschine möchte den Nutzern die bestmögliche Erfahrung bieten und dabei qualitativ hochwertige Inhalte bereitstellen. Dafür benötigt die Suchmaschine jedoch die Hilfe der Content-Marketer und Online-Redakteure, die durch kreative Ideen einzigartige Inhalte schaffen. Um Landingpages die nötige Qualität zu verleihen, muss zunächst der Aufbau der Seite klar sein. In den Google-Quality-Guidelines sind hierzu mehrere Definitionen zu finden, wovon in diesem Kapitel nur die zwei wichtigsten genannt werden sollen.

Die Suchmaschine möchte einen hohen Standard vermitteln und bewertet sogenannte „Your Money or Your Life (YMYL) Pages" besonders hoch. Definiert sind diese als „pages [that] could potentially impact the future happiness, health, or financial stability of users" (Google 2017). Hierzu gehören Websites, die

- Shopping oder finanzielle Transaktionen anbieten.
- finanzielle Informationen bieten.
- medizinische Informationen bereitstellen.
- juristische Informationen bereitstellen.
- Nachrichten oder öffentliche Informationen, die eine gut-informierte Bevölkerung garantieren.

Derartigen Informationen muss eine tief greifende Recherche zugrunde liegen. Zudem sollte ausreichend Zeit in die Erstellung von Text, Layout und Umsetzung investiert werden, um das Thema holistisch in seiner Ganzheit abzudecken. Dieses Vorgehen wird in Kap. 5 genauer dargestellt.

Wie wird eine Seite zur High-Quality-Page? Webseiten mit hoher Qualität benötigen laut Google drei elementare Faktoren:

1. Expertise
2. Authority
3. Trust

Kurz: E-A-T. Wer seine Expertise zu einem spezifischen Thema untermauern möchte, muss sich bewusst sein, dass juristische Ratschläge aus dem „Mund" eines Industrieunternehmens wenig Relevanz mitsichbringen, ganz zu schweigen von der fehlenden Authentizität.

1.3 Definition Content-Strategie

Wie bereits deutlich wurde, hat sich die Content-Vielfalt in den vergangenen Jahren extrem gesteigert. E-Books erfahren eine immer größere Beliebtheit und der Wert von ausführlichen und gut-recherchierten PDFs steigt sichtlich. Hinzu kommen die zahlreichen Social-Media-Kanäle, die bespielt werden müssen, um jede Zielgruppe in ihrem „Zuhause" zu erreichen. Aber auch die Format-Trends dürfen nicht außer Acht gelassen werden. Soziale Medien erfordern beispielsweise knackige Video-Tutorials, die Koch- und Backanleitungen geben oder die neuesten Modetrends vom Laufsteg präsentieren. In den Bereichen SEO und Content-Marketing können diese Informationen als Infografiken dargestellt werden, um mit der präsentierten Medienvielfalt die Rankingchancen zu erhöhen. Content-Strategen müssen stets up-to-date sein und differenzieren können: Wann erreiche ich meinen potenziellen Kunden an welchem Punkt der Customer-Journey mit welchem Medium in welchem Kanal? Was können wir als Unternehmen unserer Zielgruppe bieten? Ist diese Basis geschaffen, geht es an die Planung einer Content-Strategie.

Eine Content-Strategie beinhaltet die Planung, Kreation und Beschaffung sowie das operative Management von nützlichen und verwertbaren Inhalten. Sie dient der Produktion von Inhalten, welche die Wünsche der Kunden und des Unternehmens optimal präsentieren. Eine zielführende Content-Strategie definiert Strukturen und Prozesse und dient als Basis für das Content-Marketing (Hagen 2017).

Noch immer arbeiten viele Unternehmen ohne eine festgesetzte Content-Strategie, was zu chaotischen Planungen und undurchsichtigen Prozessen führt. Eine Content-Strategie gewährleistet, dass alle Verantwortlichen auf einem Level stehen und das gleiche Ziel vor Augen haben. Die Gründe dafür sind klar:

1. Mit einer klaren Strategie werden die Erfolge größer und können besser gemessen werden.
2. Content und Content-Marketing wird erfolgreicher in den alltäglichen Prozess inkludiert.
3. Wissen, Training und Ressourcen können effizient genutzt und Lücken geschlossen werden.
4. Die Zusammenarbeit zwischen Sales und Marketing ist besser.
5. Das Budget kann besser aufgeteilt werden und somit mehr Budget in Content-Marketing und Paid-Distribution fließen.

1.4 Definition Content-Marketing

„Content-Marketing" steht für Marketingmaßnahmen, die Inhalte über verschiedene Kanäle zum User transportieren und dabei stets den Nutzen für die Zielgruppe fokussieren. Denn statt eines reinen Verkaufsgedankens hat Content-Marketing die Bereitstellung eines inhaltlichen Mehrwerts zum Ziel. Mithilfe dieses Schwerpunktes soll sowohl (1) das Interesse der User an verschiedenen Touchpoints und in den unterschiedlichen Kaufphasen gewonnen als auch (2) die Kommunikation mit der Zielgruppe angeregt und langfristig fortgeführt werden. Das zentrale Ziel von Content-Marketing ist somit die

Ansprache einer relevanten Zielgruppe mit Content, der informiert, unterhält und langfristig überzeugt.

Content-Marketing erfordert eine effiziente Nutzung relevanter Kanäle, um zielgruppenrelevante Inhalte, Markenbotschaften oder Werte zu verbreiten. Dabei gewinnt der optimale Umgang mit Social-Media immer mehr an Bedeutung – gerade in unserer heutigen Zeit. Unabhängig von der Vielzahl an verfügbaren Kanälen gilt, dass der jeweilige Content eine fesselnde Story beinhaltet, welche die Aufmerksamkeit der Zielpersonen erregt und diesen langfristig im Gedächtnis bleibt. Um mithilfe von Content-Marketing maximale Ziele zu erreichen, muss für die Nutzer ein einheitliches Bild beziehungsweise eine einheitliche Story erzeugt werden. So wird es möglich, die Konsumenten mit Freude und anhaltendem Interesse durch kanalübergreifende Inhalte zu leiten.

Dabei dient die in Abschn. 1.3 beschriebene Content-Strategie als umfassende Grundlage und notwendige Basis für Content-Marketing-Maßnahmen. Abgrenzen lassen sich beide Bereiche wie folgt: Die Content-Strategie bildet ein notwendiges, strategisches Gerüst, auf das Content-Marketing im Folgenden aufbaut.

Ihr Transfer in die Praxis
- Prüfen Sie, wie die Begriffe „Content", „Content-Strategie" und „Content-Marketing" in Ihrem Unternehmen verstanden werden.
- Gibt es bereits eine Content-Marketing-Strategie? Wenn nein, warum nicht?
- Gibt es einen Hauptverantwortlichen für Content in Ihrem Unternehmen oder beschäftigt sich jeder mit dem Thema?

Literatur

Cambridge Dictinary „Content". o. J. Content. https://dictionary.cambridge.org/de/worterbuch/englisch/content. Zugegriffen: 30. Mai 2018. Cambridge.

Duden „Inhalt". o. J. Inhalt. https://www.duden.de/rechtschreibung/Inhalt. Zugegriffen: 30. Mai 2018.

Eck, K., und D. Eichmeier. 2014. *Die Content-Revolution im Unternehmen.* Freiburg: Haufe Lexware.

Evans, Heath. 2017. Content is king – essay by bill gates. https://medium.com/@HeathEvans/content-is-king-essay-by-bill-gates-1996-df74552f80d9. Zugegriffen: 10. Juli 2018.

Google Inc. 2017. https://static.googleusercontent.com/media/www.google.com/de//insidesearch/howsearchworks/assets/searchqualityevaluatorguidelines.pdf. Zugegriffen: 30. Mai 2018.

Hagen, L. 2017. Content Marketing für Online-Shops. Folge 1: Planung ist alles. *Internet World Business* 10 (17): 24–25.

Kroker, Michael. 2016. Die Internet-Fakten 2016: 3,3 Milliarden Nutzer, 966 Millionen Websites. http://blog.wiwo.de/look-at-it/2016/04/27/die-internet-fakten-2016-33-milliarden-nutzer-966-millionen-websites/. Zugegriffen: 10. Juli 2018.

Ladenzeile, o. A. o. J. Rote Schuhe Damen. https://www.ladenzeile.de/schuhe/damen/rot/. Zugegriffen: 30. Mai 2018.

Meg. 2017. 40 Spannende Facebook-Statistiken für's Marketing. https://www.talkwalker.com/de/blog/40-spannende-facebook-statistiken. Zugegriffen: 10. Juli 2018.

2
Was Content bewirken kann

> **Was Sie aus diesem Kapitel mitnehmen – Sie erkennen**
> - Wie Sie die Außenwirkung Ihres Contents erfolgreich beeinflussen.
> - Welche Einflüsse guter Content auf die Suchmaschine hat.
> - Welche Ziele Sie mit hochwertigen Inhalten verfolgen können.

Seien wir einmal ehrlich zu uns selbst: Wir sind gesättigt von Standard-Werbebotschaften und herkömmlichen Call-to-Action-Phrasen, die zu überzeugen versuchen. In den Werbepausen wird der TV-Sender gewechselt, das Smartphone gezückt oder der Abwasch erledigt. Kaum einer der kostspieligen Werbespots wird heute noch aufmerksam verfolgt. Dieses Wegsehen gilt nicht nur für TV-Spots, sondern für so ziemlich jede offensichtliche Werbung, die für die Masse überflüssig scheint. Kurz gesagt: Wir alle verschließen die Augen vor der Informations- und Werbevielfalt, die an allen Ecken auf uns lauert. Content-Marketing bietet effiziente neue Wege, um die Aufmerksamkeit der Zielgruppe dennoch zu erreichen oder bisher unbekannte Bedürfnisse zu wecken – häufig mithilfe von Inhalten, die nichtkommerzieller Natur sind und schlichtweg informieren oder unterhalten sollen. Bestenfalls wird genau der Content dargestellt, nach dem die Zielgruppe aktiv sucht – heutzutage vorzugsweise im Internet und über mobile Geräte.

In diesem Kapitel wird der Einfluss von Content dargestellt. Untergliedert sind diese in die Außenwirkung, die Einflussnahme auf den User und mögliche Folgen für relevante SEO-Faktoren. Anhand ausgewählter Beispiele soll ein besseres Verständnis für die einzelnen Fokusse und deren Abgrenzung ermöglicht werden. Konkrete Praxisbeispiele sind in Kap. 5 beschrieben, in dem der Weg zum perfekten Content im Detail erläutert wird.

2.1 Die Außenwirkung guten Contents

Hochwertiger Content spielt spätestens seit dem ersten Panda-Update eine übergeordnete Rolle für Suchmaschinen wie Google, Bing und Co. – und natürlich nach wie vor in erster Linie für die Zielgruppe. Nachdem Google das Panda-Update fest im Core-Algorithmus verankert hat sind hochwertige Inhalte ein fester Bestandteil des Webs. Mit relevanten Inhalten wird sowohl die Reputation einer Brand gestärkt als auch die Sichtbarkeit der Domain und die Chancen im Wettbewerb. Content-Marketing nimmt somit maßgeblichen Einfluss auf die Außenwirkung eines Unternehmens und auf die Akzeptanz dessen Zielgruppe. Wer keinen eigenen Content kreiert, verschwendet äußerst wertvolle Ressourcen und überlässt die Meinungsbildung der selbstbestimmten Gesellschaft, der es heutzutage ein Leichtes ist, ihre Meinung mit der restlichen Außenwelt zu teilen. Professionelles Content-Marketing und das damit verbundene Reputationsmanagement ist ebenso wichtig geworden wie die klassische Suchmaschinenoptimierung von Websites. Denn mit hochwertigem Content hebt sich ein Unternehmen von der Konkurrenz ab und erzielt in organischen Suchergebnissen ein führendes Ranking.

Über entsprechende Content-Marketing-Maßnahmen werden Inhalte so verbreitet, dass eine klar definierte Zielgruppe optimal erreicht wird. Dabei kann sich der jeweilige Content ganz unterschiedlich auswirken und verschiedene Zielsetzungen sowie Wirkungen verfolgen. Um die Unterschiede im Folgenden genauer zu erläutern, wurde die Außenwirkung guten Contents von uns in fünf Bereiche untergliedert: Reichweite, Brand-Awareness, Image, Expertise und Autorität. Diese werden in den nächsten Abschnitten anhand von Beispielen beleuchtet und veranschaulicht.

2.1.1 Reichweite erzeugen

Wer mithilfe guten Contents Erfolge einfahren will muss zuallererst seine Leser erreichen. Das Generieren von Reichweite ist somit ein grundlegendes Ziel des Content-Marketings. Schließlich muss die Zielgruppe im ersten Schritt auf das neue Content-Stück aufmerksam werden. Denn wird es gar nicht erst bemerkt, war der ganze Aufwand um gute Inhalte umsonst.

Die Reichweite dient meist als Zwischenziel – oder besser gesagt als Sprungbrett. So zum Beispiel, wenn die Erhöhung der Sales oder auch des Website-Traffics im Fokus stehen. Dann gilt es im ersten Schritt, eine maximale Reichweite aufzubauen, um möglichst viele relevante Zielpersonen zu erreichen, aus denen wiederum ein Bruchteil wünschenswert agieren wird.

Da nicht jeder auf dieselbe Art und Weise recherchiert oder angesprochen werden möchte, muss für einen erfolgreichen Reichweitenaufbau auf zielgruppenrelevante Kanäle (siehe Abschn. 5.6.2) geachtet werden. Werden dort die jeweils gewünschten Inhalte platziert, ist der erste wichtige Schritt getan. Ein besonders hochwertiger, hilfreicher und überzeugender Content wird von Usern zudem häufig freiwillig geteilt und weiterempfohlen – das Sahnehäubchen guten Contents! Denn auf diese Weise wird zusätzliche Reichweite erzeugt, die nichts kostet und von neuen Konsumenten als besonders vertrauenswürdig wahrgenommen wird. Schließlich stammt die Empfehlung von „echten Menschen" ohne kommerziellen Hintergrund und werbliche Absicht.

2.1.2 Brand-Awareness

Die Brand-Awareness (deutsch: Markenbekanntheit oder Markenbewusstsein) ist ein Wert, der den Bekanntheitsgrad einer Marke ausdrückt. Er zeigt an, wie viele Menschen sich an eine bestimmte Marke erinnern können. Fesselnde, hilfreiche und vor allem relevante Inhalte können diesen Wert spürbar erhöhen. Dies ist besonders in den Anfangsphasen der Customer-Journey ein wichtiger Aspekt, da er alle weiteren Phasen und Touchpoints positiv beeinflusst.

Die Steigerung der Brand-Awareness über Content funktioniert selbst dann, wenn keine Marke im Fokus der Inhalte steht, sondern Geschichten, Informationen und emotionale Werte hervorgehoben werden. Dies bestätigt erneut, dass gutes Content-Marketing eben nicht rein kommerziell ist. Vielmehr sollen spezielle Themen in unsere Außenwelt getragen und am Markt positioniert werden, die sich allein über ihre Inhalte und deren Mehrwert im Gedächtnis der Zielgruppe verankern.

Durch fesselnde Geschichten, beispielsweise die des Weihnachtsclips „Heimkommen" von Edeka (Abb. 2.1 und 2.2), können solche Werte wunderbar vermittelt werden. Die Jung von Matt Aktiengesellschaft beschreibt die Geschichte hinter dem Spot auf ihrer Webseite (Jung von Matt o. J.) folgendermaßen:

Abb. 2.1 Ausschnitt aus dem EDEKA-Weihnachtsclip #heimkommen. (Quelle: Jung von Matt, Heimkommen o. J.)

2 Was Content bewirken kann   15

Abb. 2.2 Ausschnitt aus dem EDEKA-Weihnachtsclip #heimkommen. (Quelle: Jung von Matt, Heimkommen o. J.)

Weihnachten ist das Fest der Familie. Aber ist das wirklich so? Viele vergessen das heute, weil sie einfach keine Zeit haben, gemeinsam mit den Liebsten das Fest zu feiern. Genau das erzählt dieser Film – und zwar mit einer gehörigen Portion Gefühl, die zu Tränen rührt. Es geht um einen alten Mann, der Jahr für Jahr an Weihnachten alleine ist, weil seine Kinder es einfach nicht schaffen, ihn zu besuchen. Doch dann passiert etwas, das alles verändert. Für ihn – und für seine Familie…

Es wird enorm mit Emotionen gespielt, die beim Empfänger nicht nur langfristig im Gedächtnis bleiben, sondern auch in Verbindung mit der Marke gebracht werden. Allerdings sind Emotionen und Storys nicht das einzige Geheimnis, wie mit Content die Brand-Awareness gepusht werden kann. Weitere Faktoren sind beispielsweise das Storytelling über mehrere Kanäle (siehe auch Abschn. 5.5.3) und die Regelmäßigkeit von Veröffentlichungen. So werden weitere Touchpoints mit dem Empfänger generiert, die den Wiedererkennungseffekt stärken und zudem die Chance erhöhen, bisher unerreichte Personen zu einem anderen Zeitpunkt und in einem anderen Kanal abzuholen.

2.1.3 Image

Guter Content schafft und unterstützt ein Image. Zudem kann er als eine Art Heilmittel fungieren, um Image-Einbrüche rückgängig zu machen oder das Image zu schärfen. Um dies genauer zu erläutern, werden drei Fallbeispiele von Maybelline New York und dessen YouTube-Videoreihe „Glossy Talk" herangezogen.

Imageverwässerung
Je nach Branche sind mehr oder weniger Konkurrenten am Markt vorhanden, die einem gefährlich werden können – das ist klar. Eine echte Gefahr birgt sich allerdings hinter der Imageverwässerung und dem Differenzierungsverlust einer Marke von der restlichen Angebotsvielfalt.

Genau dies ist Maybelline New York mit der wachsenden Angebotsvielfalt passiert. Um der Marke ein Image-Update zu verpassen, wurde auf „New York" gesetzt. Dabei wurde unter anderem auch der YouTube-Channel „Glossy Talk" einem optischen Relaunch unterzogen, sodass die Kulisse der VLOG-Aufnahmen dem urbanen New-York-Look näherkam.

Verlust der „Value-for-Money"-Wahrnehmung
Nicht nur die Differenzierungsmerkmale haben zeitweise gelitten, sondern auch das Werteempfinden für die Produkte. Gerade im Billigpreis-Segment ist das Angebot an Kosmetikprodukten rasant gewachsen. Weshalb sollten sich junge Frauen also für die höherpreisigen Produkte von Maybelline New York entscheiden?

In diesem Fall wurde ein Relaunch der Produktverpackungen und der jeweiligen Designs ins Leben gerufen, um allein durch einen hochwertigen, modernen Look im Verkaufsregal zu überzeugen. Unterstützt wurde dies im YouTube-Channel durch prominente Stargäste wie Germany's-Next-Topmodel-Kandidatinnen oder weitere aktuelle Idole der Zielgruppe.

Mangel an täglicher Beziehung zum Kunden
Gerade die junge, moderne Zielgruppe wurde mit der Zeit und dem medialen Wandel in diesem Punkt vernachlässigt. In diesem Fall galt

es, dieses Kundensegment an relevanten Touchpoints mit gewünschten Inhalten und Formaten anzusprechen, abzuholen und zu begeistern.

Insbesondere über YouTube und die regelmäßigen VLOG-Beiträge von Glossy Talk konnten die Bedürfnisse der jungen Zielgruppe gedeckt werden. Dies betont, wie wichtig es ist, seine Zielgruppen und deren Bedürfnisse zu kennen. Denn nur so kann eine effektive Ansprache über verschiedene Kanäle erfolgen.

2.1.4 Branding

Große Brands besitzen eine Persönlichkeit, erzählen Storys und vermitteln Werte. Drei Kernpunkte, die mithilfe von Content und Content-Marketing-Maßnahmen geschaffen und verbreitet werden können – und das auf ganz unterschiedliche Arten. Ein ideales Beispiel dafür, wie unterschiedlich das Branding in ein und derselben Branche aussehen kann, sind die Marken Media Markt und Saturn. Diese gehören beide mehrheitlich der Metro-Gruppe an – demselben Eigentümer. Dennoch sprechen beide Marken eine unterschiedliche Sprache und zielen damit auf zwei grundverschiedene Zielgruppen ab.

Saturn betreibt das Online-Magazin „TURN ON", welches allein durch die Aufmachung und Inhalte vor allem seriöse, bürgerliche Personen ansprechen soll. „TURN ON" wird im Header absolut deutlich als „Das SATURN-Magazin für Technik-Fans" gekennzeichnet. Zusätzlich existieren ein YouTube-Channel und ein gedrucktes Kundenmagazin, wodurch die Inhalte kanalübergreifend ergänzt werden.

Eine völlig andere Kundenansprache wird von Media Markt gepflegt. Es existieren mehrere Content-Marketing-Auftritte und Themenseiten, wie mediamag.net, smartwohnen.de oder gamez.de, die vor allem das jüngere Publikum mit informativen Inhalten ansprechen sollen. Diese Seiten lassen zwar teilweise über Name und Logo auf die dahinterstehende Marke Media Markt schließen, ein eindeutiger Zusammenhang kann allerdings nur im Impressum erkannt werden.

Dieses Beispiel zeigt, wie über entsprechende Content-Maßnahmen unterschiedliche Branding-Ausrichtungen erzielt werden können.

Selbst dann, wenn derselbe Eigentümer, dieselbe Branche und dasselbe Produktangebot hinter beiden Marken stehen, können die verbreiteten Markenbotschaften und Kundenansprachen völlig unterschiedlich sein.

2.1.5 Expertise

Nicht nur für den potenziellen Käufer ist die Expertise eines Anbieters ein wichtiger Faktor. Auch Suchmaschinen wie Google ziehen das Expertenwissen von Webseiten für ihre Bewertung heran. Schließlich versucht Google die Anfragen seiner User immer besser zu verstehen und die jeweils beste Antwort auszuspielen. Bildet eine Website oder Brand ihre Expertise mithilfe von Content umfangreich ab, so lassen sich nicht nur die User frühzeitig abholen und überzeugen, sondern auch die Suchmaschinen.

Eine optimale Basis, um die unternehmensinterne Expertise nach außen zu tragen, bieten entkommerzialisierte Zonen wie Blog- oder Ratgeberbereiche. Diese distanzieren sich vom eigentlichen Produktangebot und stellen weniger werbliche Inhalte mit relevantem Mehrwert für den User bereit. So wird es den Webseiten-Besuchern möglich, interessante Einblicke hinter die Kulissen einer Brand oder eines Unternehmens zu erhalten und weiterführende Informationen zu erlangen. Hierfür eignen sich beispielsweise FAQ-Bereiche oder Veröffentlichungen von Fach- und Ratgeberartikeln, Experten-Interviews sowie Branchennews. Neben transparenten Insights in Internas, zum Beispiel Produktionsabläufe oder Partnerprogramme, können dem User Hilfestellungen und umfangreiche Beratungen zur Verfügung gestellt werden. Je zufriedenstellender die Inhalte sind, desto besser bewertet neben dem User auch Google den Expertenstatus – und somit die Website mit guten Rankings!

2.1.6 Autorität

Guter Content und erfolgreiche Content-Marketing-Kampagnen können einer Marke, einem Produkt oder Unternehmen neben Reichweite und Expertise auch eine gewisse Autorität verleihen. Einige

Marken haben es über die Zeit sogar so weit geschafft, dass die eigene Brand als sogenanntes „Deonym" verwendet wird. Darunter werden Markennamen für bestimmte Produkte verstanden, die sich im allgemeinen Sprachgebrauch als Bezeichnung für ganze Produktgruppen durchgesetzt haben (Deutschlernen-Blog, o. J. o. A.). Wir kaufen beispielsweise „Tesa" anstelle „durchsichtiger Klebestreifen" oder „Tempos" statt „Papiertaschentücher". Hierfür lassen sich noch zahlreiche weitere Beispiele finden (Labello, Tipp-Ex, Leitz-Ordner, Tupperdose, Pampers, Aspirin etc.). All diese Marken besitzen eine klare Autorität gegenüber ihrer Wettbewerber dank ihrer Bekanntheit, die wohl zum einen dem langjährigen Bestehen geschuldet ist, zum anderen aber auch durch Content und entsprechenden Marketing-Maßnahmen gepusht werden kann – gerade in unserer heutigen Zeit.

Es wäre ein etwas zu hoch gegriffenes Ziel, mithilfe von Content-Marketing seine Brand zum Deonym werden lassen zu wollen. Dieses Beispiel soll jedoch verdeutlichen, welche Ausmaße die Autorität einer Marke im Extremfall annehmen kann. Weitere Beispiele für Unternehmen, die mit Content ihre Autorität hervorheben, sind Lidl und Penny mit deren Vergleichskampagnen „Du hast die Wahl" (seit 2016) und „Erstmal zu Penny" (seit 2011). In den Werbespots werden Eigenmarken der Discounter mit bekannten Marken in den direkten Preisvergleich gestellt und als qualitativ gleichwertig definiert. Der Inhalt verbirgt ein Werteversprechen, indem er mit der bestehenden Autorität und bekannten Qualität der Marken spielt und entsprechende Synergieeffekte für die No-Name-Produkte nutzt.

Neben vergleichender Werbung bieten auch Kooperationen mit namhaften Persönlichkeiten der Branche die Möglichkeit, einer Marke oder einem Unternehmen bei seiner Zielgruppe mehr Autorität, Authentizität und Glaubwürdigkeit zu verleihen. So startete die Modemarke „Hollister" eine Influencer-Kampagne mit Bianca Heinicke – besser bekannt als die YouTuberin Bibi von „BibisBeautyPalace". Im Rahmen der Kooperation setzte sie Postings zu einem Parfüm-Gewinnspiel von Hollister ab und erreichte damit einen Großteil ihrer 5,4 Mio. Follower und Abonnenten. Dank ihrer riesigen Reichweite und Fanbase sowie ihrer eigenen Autorität in diesem Produktsegment erreichte sie mit ihren

Posts jeweils ein Social-Engagement (siehe auch Abschn. 2.2.3) von rund 9 % – deutlich höher als die durchschnittliche Rate von knapp 6 %.

Um einer Marke über Content mehr Autorität zu verleihen, gilt es, für die Inhalte ein optimales Umfeld zu schaffen. So müssen sowohl die genutzten Plattformen, Kanäle und Formate als auch die Kooperationspartner wie Influencer oder Testimonials besonders authentisch wirken und zum Thema passen. Dies macht den Content für die Zielgruppe besonders glaubwürdig und attraktiv.

2.2 Der Einfluss von Content auf den User

Content kann die Gefühlswelt und das persönliche Empfinden der User stark beeinflussen. So vermitteln gerade Inhalte mit einem starken Emotions-Bezug gezielt Werte, die den persönlichen Empfindungen und Wertvorstellungen der Zielgruppe entsprechen. Über diesen Weg können die sogenannten intrinsischen Werte gezielt aktiviert werden. Diese beschreiben den Antrieb und die Motivation eines Users von innen heraus. Wenn also Wertvorstellungen zwischen Unternehmen oder Brands und deren Zielgruppe möglichst viele Überschneidungen aufweisen, so ist diese für bereitgestellten Content wesentlich empfänglicher und stimmt den Inhalten intuitiv und kompromisslos zu.

Eine solche wertbasierte Verbindung beeinflusst den User in seinem Innersten und steigert beispielsweise dessen Vertrauen, das er den Webseiteninhalten und somit auch der Brand entgegenbringt. Außerdem werden neue Kunden gewonnen und bestehende Kunden langfristig an das Unternehmen gebunden. Auch Weiterempfehlungen und das Engagement der Konsumenten können positiv beeinflusst werden. Ein Auszug möglicher Einflussnahmen auf den User werden in diesem Kapitel genauer beleuchtet.

2.2.1 Vertrauen

Die Höhe des Vertrauens, das ein Kunde einem Unternehmen entgegenbringt, beeinflusst wichtige Performance-Kriterien einer Webseite.

Daher kann das Kundenvertrauen als die Währung von Content-Marketing betitelt werden. Je fachkundiger bereitgestellte Inhalte sind, desto eher wird ein Unternehmen oder eine Brand als Experte wahrgenommen. Neben der reinen Kompetenz, spielen allerdings auch der Faktor Transparenz und die vermittelten Werte eines Unternehmens über dessen Webseiteninhalte eine essenzielle Rolle, wenn es darum geht, das Vertrauen der gewünschten Zielgruppe zu erhöhen. Wie wichtig ein transparenter Webauftritt geworden ist wurde beispielsweise im Film The Naked Brand (Rosenblum und Huang 2013) verdeutlicht: Die Menschen verlieren immer mehr Vertrauen in Marken und Werbebotschaften und interessieren sich verstärkt für die Wahrheit, die sich hinter den Hochglanz-Werbebotschaften verbirgt. Die Skepsis der Konsumenten übernimmt verstärkt die Kontrolle in der Werbewelt. Es wird mehr hinterfragt als jemals zuvor – und genau dies macht die Transparenz der Marken und Unternehmen heutzutage so erforderlich. Es geht also nicht mehr nur um bloße Versprechen und Behauptungen von Unternehmen und Marken. Wer heutzutage behauptet der Beste zu sein, der muss es auch beweisen, um (potenzielle) Kunden zu überzeugen.

Wichtige Vertrauensfaktoren
Zuallererst sollte das Design den Erwartungen der User entsprechen, professionell aufgezogen sein und zum Inhalt passen. Zudem darf es den Besucher nicht erschlagen und sollte ihn mit so wenigen Signalen wie möglich und so vielen wie nötig durch die Seite führen. Neben einem professionellen und ansprechenden Design mit hochwertigem Bildmaterial und Vertrauenssignalen, beispielsweise Gütesiegel, wecken auch seriöse Aussagen das Vertrauen der Zielgruppe. Leere Versprechungen und Zweideutigkeiten sollten also ganz klar vermieden werden – gerade im Meta-Title- und der Meta-Description oder den Headlines, die vom User als erstes gesehen werden. Außerdem sollte für eine hohe Nutzerfreundlichkeit gesorgt werden. Dazu gehören beispielsweise funktionsfähige Verlinkungen, die nicht nur Klicks und Traffic generieren sollen, sondern vor allem zur Kundenzufriedenheit beitragen. Aber auch die Übersichtlichkeit, Strukturierung und Lesbarkeit einer Seite spielen eine große Rolle.

Es gilt also nicht nur ein hochwertiges Design bereitzustellen, sondern auch saubere Prozesse aufzusetzen, die dem User einen angenehmen und selbsterklärenden Seitenaufenthalt gewährleisten (User-Experience). Wer dies – gerade als Anbieter im Netz – nicht berücksichtigt und keinen entsprechenden Webauftritt hat, wird es schwer haben, Professionalität zu signalisieren. Zusätzlich gilt, dass der geschaffene Qualitäts-Standard konstant und langfristig gehalten werden muss. Es handelt sich also nicht nur um einmalige Design- und Technik-Tasks, sondern um ein gesamtes Image, das aktiv gelebt und aufrechterhalten werden muss.

2.2.2 Kundenbindung

Es ist ein Trugschluss zu denken, dass mit einer Conversion, beispielsweise ein Kaufabschluss im Online-Shop, die Beziehung zwischen Kunde und Verkäufer endet. Häufig wird das Potenzial bestehender Kunden völlig unterschätzt und von der fortlaufenden Neukundenakquise in den Schatten gestellt. Wenn ein Nutzer bereits von einem Angebot überzeugt wurde und zudem mit der erhaltenen Leistung zufrieden war, dann ist es sehr wahrscheinlich, dass dieser erneut kauft. Es ist also wesentlich weniger Überzeugungs-Aufwand nötig als bei der Neukundengenerierung, bei der man für gewöhnlich bei Null starten muss.

Eine optimale und langfristige Kundenbindung kann mithilfe von Content-Marketing generiert beziehungsweise effektiv fortgeführt werden, indem dem Konsumenten auch nach seiner entsprechenden Conversion ein Mehrwert geboten wird. So zum Beispiel anhand hilfreicher Informationen zum gekauften Produkt, Video-Tutorials, Branchennews oder weiterführender Inspirationen. Möglicherweise wünscht sich ein Kunde spannende Rezepte oder Zubehör-Empfehlungen zu seiner neuen Küchenmaschine. Anhand regelmäßiger und zielgruppenrelevanter Inhalte mit klarem Fokus auf beispielsweise genau solche Nutzerbedürfnisse werden langfristig positive Verbindungen zwischen Konsument und Marke erzeugt. Werden zudem gemeinsame Werte geteilt, wird diese Verbindung emotional gestärkt und die Kundenloyalität gefördert. Einige Beispiele, wie dem Kunden im eCommerce auch nach einer Conversion eine gewisse Wertschätzung entgegengebracht werden kann, sind:

- Verfügbarer 24 h-Kundenservice oder die Nutzung von Chatbots
- „Thank-you!"-Pop-ups nach einer Bestellung
- „Miss-you"-Benachrichtigung von Shopping-Apps
- Bereitstellung von Gutscheincodes
- Events für VIP-Kunden

Tool-Tipp: Onsite-Marketing-Tools, zum Beispiel Quiveo, lassen automatisierte Boxen und Pop-ups integrieren.

2.2.3 Social-Engagement

Die „Share-a-Coke-with"-Kampagne von Coca Cola ist ein hervorragendes Beispiel dafür, wie sehr gutes Content-Marketing und durchdachte Kampagnen-Strategien die Außenwelt und das Social-Engagement der Zielpersonen beeinflussen können. Die personalisierten Flaschen und Dosen mit Aufdrucken wie „Share a Coke with Julia" oder „Trink 'ne Coke mit Thomas" wurden nicht nur zum Verkaufsschlager und trieben die Absatzzahlen in die Höhe. Sie pushten auch die Postings in diversen Social-Media-Kanälen. Allein über Instagram sind bis Mai 2018 unter dem Hashtag #ShareaCoke rund 663.000 Beiträge zu finden.

Um das Social-Engagement in einer Zielgruppe zu fördern, sollte „instagrammable Content" angeboten werden. Coca Cola hat auch in dieser Hinsicht voll ins Schwarze getroffen. So zum Beispiel mit den Aufdrucken: „Trink 'ne Coke mit Bonnie" und „Trink 'ne Coke mit Clyde" oder „Trink 'ne Coke mit deinem Prinz" und „Trink 'ne Coke mit deiner Prinzessin". Die Folgen? Die Cola-Dosen wurden im Doppelpack gekauft, da es einige Aufdrucke sogar erforderten, um die Story dahinter vollständig zu erzählen. Außerdem wurden die eigentlich ganz banalen Getränkedosen zu netten Gesten und kleinen

Geschenken, über die sich jeder mit der eigenen kleinen Social-Media-Community freuen konnte.

Natürlich muss dazu gesagt werden, dass diese Beispiel-Kampagne nahezu das Maximum an Social-Engagement erreichte. Schließlich wurden aktiv Postings abgesetzt und quasi kostenfreies Marketing für die Brand Coca Cola geschaffen. Wesentlich realistischere Zielsetzungen im Bereich Social-Engagement beziehen sich auf:

- Likes und Reaktionen
- Shares
- Kommentare
- Tags
- Direct-Messages
- Hashtags
- Pins
- Tweets

2.3 Guter Content aus Sicht der Suchmaschine

Um festlegen zu können, was guten Content eigentlich ausmacht, muss differenziert werden, wer die Inhalte eigentlich gut finden soll. An erster Stelle sind die Inhalte für die Besucher zu erstellen – an zweiter Stelle steht die Suchmaschine. Es genügt also nicht nur einem von beiden gefallen zu wollen. Sowohl der Besucher als auch die Suchmaschine sollen etwas mit den erstellten Inhalten anfangen können. Zudem ist beides stark voneinander abhängig.

Google achtet bei seinen Ranking-Bewertungen sehr auf die Inhalte von Webseiten und deren Qualität. Schließlich möchte die Suchmaschine ihren Usern die besten Antworten auf ihre Fragen ausliefern. Die Suchmaschine ist also der Mediator zwischen Webseite und Besucher und öffnet erst dann die Tür, wenn die Inhalte für gut befunden wurden. Daher ist es logisch, dass die Qualität der Inhalte zu einem der wichtigsten Rankingfaktoren geworden ist. Hierfür werden zahlreiche verschiedene Kriterien herangezogen. Ein Auszug der wichtigsten Faktoren für Suchmaschinen wird im Folgenden aufgelistet und erläutert.

Einzigartigkeit
Zwei wichtige Kernelemente für Google-Bewertungen sind die Einzigartigkeit und Qualität eines Contents. Sind auf einer Webseite vor allem originale Inhalte vorhanden, so wird diese als positiv eingestuft und auf den oberen Rängen der Google-SERPs und somit im sichtbaren Bereich der User präsentiert. Das genaue Gegenteil bewirkt eine geringe Menge an einzigartigen Inhalten und ein hoher Anteil an Duplikaten – sprich doppelten oder kopierten Inhalten (siehe Abschn. 5.5.4).

Fehlerfreiheit
Hochwertiger Content ist frei von Fehlern – sowohl inhaltlich als auch formal. So wird die korrekte Anwendung von Grammatik und Rechtschreibung vom Leser als eines der ersten Qualitätskriterien wahrgenommen und steht für die Bildung und Kompetenz des Autors. Dies beeinflusst die wahrgenommene inhaltliche Qualität und fördert langfristig das Vertrauen, das einer Website oder Marke entgegengebracht wird. Hinter der Wichtigkeit dieses Faktors könnte sich die Google-Voice-Search-Thematik verbergen. Hierbei werden Informationen aus Webseiten extrahiert, um Fragestellungen der User zu beantworten. Dabei steht der Wahrheitsgehalt natürlich an erster Stelle. Google wird diesen künftig genauer messen.

Mehrwert
Nicht nur fehlerfrei, sondern vor allem hilfreich für den User sollte guter Content sein. Damit dieses Kriterium erfüllt ist, muss der Webseiteninhalt aus relevanten Informationen bestehen, welche die Suchanfrage der User beantworten. Dabei sollte immer an den „echten" menschlichen Leser gedacht und möglichst alle Fragen zu einem Thema beantwortet werden. Darunter fällt auch der Aspekt, ob Seiteninhalte und Snippet-Inhalte (Titel- und Meta-Description) mit der Suchanfrage übereinstimmen.

Textlänge
Webseiteninhalte brauchen vor allem eines: Platz. Nicht nur, um alle relevanten Informationen bestmöglich in einem Content-Stück zu verpacken, sondern vor allem auch, um Google ausreichend Futter zur Auswertung liefern zu können. Dabei muss stets der „echte Leser" im Vordergrund stehen, der möglichst schnell die Antworten auf seine Fragen erhalten möchte. Handelt es sich beispielsweise um eine detaillierte Reportage darf der Text gerne mehr als 1000 Wörter umfassen, bei Produktbeschreibungen hingegen sind 75 bis 150 Wörter ausreichend. Grundsätzlich gilt jedoch: „So wenig Text wie möglich, so viel Text wie nötig".

Holistik
Guter Webseitencontent beschreibt eine Thematik nicht nur umfangreich, sondern beleuchtet diese aus verschiedenen Perspektiven. Wichtig dabei ist, dass der Themenfokus einer Seite für Google jeweils klar zu erkennen ist. Nur so kann von der Suchmaschine eine themenrelevante, hilfreiche Antwort auf die Suchanfrage des Users ausgegeben werden.

Aktualität
Die Notwendigkeit regelmäßiger inhaltlicher Updates oder Erweiterungen hängt stark von der jeweiligen Branche oder des Content-Typs ab. Suchanfragen mit starkem Aktualitätsbezug erfordern häufigere Anpassungen als Inhalte, die nie veralten (Evergreen-Content), zum Beispiel „Wie binde ich meine Schuhe?". Je nach Bedarf wird der Faktor „Aktualität" mehr oder weniger für die Bewertung berücksichtigt.

Keywords
Qualitativ hochwertige Webtexte besitzen keine Keyword-Dichte. Diese Zeiten sind vorbei. Es geht heute weder um eine zu hohe noch um eine „angemessene Keyword-Dichte". Zwar wird nach wie vor ein unnatürlich häufiges Vorkommen eines Keywords als negativ bewertet, dennoch sollte die Häufigkeit eines Keywords nicht als Maßstab dienen. Natürliche Texte mit Fokus auf interessante Inhalte sind daher das Non-Plus-Ultra. Keywords sollten natürlich trotzdem im Text platziert

werden – und zwar an den Stellen, an denen Google ihnen mehr Beachtung schenkt: in Überschriften (h1, h2 etc.), zu Beginn und am Ende von Textabschnitten, in den Meta-Tags und bei eingebundenen Bildern oder Videos.

TF*IDF
Als hilfreiche Alternative zu harten Keywords und ständigen Wortwiederholungen können weitere passende Begriffe verwendet werden. Google sieht die Verwendung sinnvoller Wörter in einem angemessenen Umfang als wesentlich wichtiger an als einen reinen Keyword-Fokus. Eine TF*IDF-Analyse (Term-Frequency*Inverse-Document-Frequency) hilft dabei, bei der Content-Erstellung die Wettbewerber im Blick zu haben und die unterschiedliche Ausrichtung der Webseiten zu erkennen. Durch die sinnvolle Nutzung dieses Tools können holistische Inhalte erstellt werden – was wiederum als positives Bewertungskriterium für Google gilt.

> **Tool-Tipp:** Mögliche Tools für eine TF*IDF-Analyse sind zum Beispiel Ryte oder Termlabs.io.

2.3.1 User-Behavior-Daten

Hochwertiger Content bewirkt eine Verbesserung der User-Behavior-Daten für Google und weitere Suchmaschinen. Darunter sind die messbaren Verhaltensweisen von Webseiten-Besuchern zu verstehen, die unter anderem Aufschluss über die Relevanz und Qualität der bereitgestellten Inhalte geben können. Sie werden von Google bei der Ranking-Bewertung herangezogen und sind daher von großer Wichtigkeit für Content-Marketer, um einen wesentlichen Einfluss auf die Daten bewirken zu können.

Ein Suchender klickt grundsätzlich auf das Suchergebnis, das ihm für sein Anliegen im ersten Moment am relevantesten erscheint. Aussagekräftige Informationen im Meta-Title und der Meta-Description als auch in den Headlines sind also ausschlaggebend für die Verbesserung der Klickrate und die Erhöhung des organischen Traffics.

Je besser die vom User wahrgenommene Qualität der Inhalte ist, desto eher klickt sich dieser auch durch weitere Unterseiten und konsumiert zusätzlichen Content. Die Höhe der dadurch generierten Click-Through-Rate spricht für das geweckte Interesse und die Begeisterung des Besuchers. Allerdings wäre es in diesem Fall auch möglich, dass der User Probleme hat, den gewünschten Inhalt auf der Website zu finden und sich deshalb durch mehrere Unterseiten klicken muss. Darüber geben sowohl die Bounce-Rate als auch die Seitenaufenthaltsdauer mehr Aufschluss. Je weniger Absprünge von einer Seite erfolgen und je länger sich demnach ein User auf einer Seite aufhält, desto interessanter und fesselnder scheinen die Inhalte als auch deren Qualität. Natürlich stellen auch entsprechende Konvertierungen Informationen darüber bereit, ob ein hochwertiger Content letztendlich auch überzeugen konnte. Je höher die Conversion-Rate ausfällt, desto überzeugender war der zuvor konsumierte Webseiten-Inhalt.

2.3.2 Backlinks

Der gezielte Aufbau von Backlinks über Content-Marketing galt zu Beginn des Hypes als eines der Kernziele. Mittlerweile ist diese Denkweise in den Hintergrund gerückt. Es geht vielmehr um psychologische und emotionale Aspekte als um den reinen Linkaufbau. Dennoch ist das Thema Linkaufbau im Bereich Content und Content-Marketing nicht außer Acht zu lassen.

Um einen Leser von den Inhalten eines Web-Artikels zu überzeugen, muss dieser – je nach Branche und Inhalt – das Gefühl haben, dass der dargestellte Content korrekt ist. Dazu gehören umfangreiche Recherchen und fundierte Informationsquellen.

Um die Richtigkeit der bereitgestellten Informationen im Artikel zu unterstreichen, eignen sich externe Verlinkungen zu beispielsweise
- den genutzten Ursprungsquellen,
- aussagekräftigen Statistiken
- oder weiterführenden Informationen.

Für die Leser sind solche Verweise Brücken zu weiterem Mehrwert oder ein Beleg für die fundierte Recherche und den damit verbundenen Aufwand, der in die Erstellung des Contents geflossen ist. Ein klares Vertrauensmerkmal, das nicht nur vom User, sondern auch von der Suchmaschine positiv gewertet wird – sofern richtig vorgegangen wurde. Denn es ist ein klarer Unterschied zwischen sinnvollen Verlinkungen und reinem Clickbait zu machen, der User ausschließlich auf eine Seite lockt, aber keine relevante Aussage bietet. Auch die Linkstruktur auf der Website selbst sollte logisch aufgebaut sein, um dem Seitenbesucher die Navigation zu erleichtern.

Natürlich ist die Generierung hochwertiger Backlinks zu den eigenen Inhalten nach wie vor ein wünschenswertes Resultat. Allerdings handelt es sich dabei um kein Kernziel, sondern um einen schönen Nebeneffekt guten Contents und effizienter Content-Marketing-Maßnahmen.

2.4 Ziele von suchmaschinenoptimiertem Content

Gute User-Behavior-Daten sowie hochwertige Backlinks sind direkte Rankingfaktoren der Suchmaschine hinsichtlich der Bewertung der Website. Diese Faktoren sind allerdings nur zwei ergebnisorientierte Ziele, die mit suchmaschinenoptimiertem Content erreicht werden möchten. Wichtig in diesem Kapitel ist, dass suchmaschinenoptimierter Content nicht mit den verhöhnten „SEO-Texten" gleichgesetzt wird. Es handelt sich jeweils um zwei vollkommen unterschiedliche Bereiche, die unbedingt differenziert werden müssen, wie in Abschn. 1.1 bereits erklärt wurde:

Bei qualitativ hochwertigem SEO-Content handelt es sich um Inhalte, die textlich und technisch so optimiert wurden, dass sie
- von Suchmaschinen gecrawlt werden können.
- die wichtigsten Informationen auslesbar zur Verfügung stehen.
- auf die Suchanfrage der User gezielt antworten (= User-Intent, siehe Abschn. 4.2).

- gleichzeitig informieren, begeistern und überzeugen – langfristig!
- positive Nutzersignale erzeugen.

Wer heute nach einem sehr spezifischen Thema mit einem Long-Tail-Keyword sucht, erfährt durch unspezifische Suchergebnisse, die meist sehr weit vom eigentlichen Thema entfernt sind, dass Optimierungen durchaus notwendig sind. Das zeigte auch die Studie von Google „The Zero Moment of Truth: Macro Study" (Google 2011). Die Studie zeigt, dass im Jahr 2011 Endkunden 10,4 Quellen konsultierten, bevor sie eine Kaufentscheidung trafen. Eine extrem hohe Zahl, wenn man bedenkt, dass so viele relevante Informationen im World-Wide-Web vertreten sind, jedoch durch mangelnde Optimierung den Endkunden niemals erreichen werden. Das soll aber weder das Ziel des Kunden noch das Ziel des Unternehmens sein. Kunden wünschen sich ein schnelles Ergebnis bei der Suche, sonst hätten sie schließlich zum Telefonbuch gegriffen oder wären selbst durch die Stadt gelaufen, um den passenden Dienstleister zu finden. Deshalb gilt: Wer mit der eigenen Seite weit oben in den Suchergebnissen vertreten sein will, muss umdenken! User haben den Anspruch, gute Websites aufzufinden, die ihnen einen Mehrwert bieten – ganz gleich, ob es sich um das Angebot einer Dienstleistung oder ein breites Produktportfolio handelt.

SEO-Content darf in keinem Fall vernachlässigt werden. Das liegt zum einen an der bereits genannten natürlichen Erzeugung von Backlinks. Gute Inhalte werden gerne geteilt, vor allem Tipps, Tricks und Lifehacks, die unser Leben einfacher machen. Wir alle brauchen irgendwann einmal Hilfe – warum also nicht auf die Hilfe anderer vertrauen und diese nutzen. Eine Studie von Buzzsumo und LinkedIn untersuchte zwei Hauptkategorien von Social-Media-Posts: Marketing und Technologie. Unter den 40.000 am besten performanten Marketing-Posts, die sich mit praktischen Tipps und Ratschlägen beschäftigten, wurden How-to-Posts rund 1500 mal geteilt; unter den 40.000 besten Posts aus der Technologie-Branche wurden durchschnittlich rund 280 How-to-Posts geteilt (Miller 2017). Diese Ergebnisse präsentieren deutlich, wie das Engagement der User angespornt werden kann. Die Folgen sind klar: Image-Bildung, natürliche Distribution relevanter Themen und Erzeugung hochwertiger Backlinks, minimierte

Absprungrate, erhöhte Conversion-Rate und letztendlich: Brand-Awareness.

Weitere relevante Erfolge, die mit gutem Content erzielt werden können, sind
- Die Zielgruppe kann effizient an unterschiedlichen Touchpoints der Customer-Journey abgegriffen werden.
- Das Unternehmen kann sich auf die Interessen der Zielgruppe fokussieren.
- Das Vertrauen des Unternehmens wird gestärkt.
- Der Website-Traffic erhöht sich organisch.
- Die Rankings werden positiv beeinflusst und steigen sukzessive.
- Die Qualitätsverluste können geheilt werden.
- Der User erhält zusätzlichen Mehrwert.

> **Ihr Transfer in die Praxis**
> - Prüfen Sie die Reichweite Ihrer Brand – werden die gewünschten Kanäle bespielt, die gewünschte Zielgruppe erreicht?
> - Wie wird Ihre Marke wahrgenommen? Haben Sie bereits Meinungsumfragen dazu durchgeführt?
> - Welchen Einfluss hat Ihre Brand im Wettbewerbsvergleich?
> - Spiegelt Ihr Unternehmen das gewünschte Image wider?
> - Können die Kunden auf Sie vertrauen?
> - Was verraten die User-Behavior-Daten Ihrer Website? Wo können Optimierungen vorgenommen werden?

Literatur

Deutschlernen-Blog, o. J. o. A. Deonyme. https://deutschlernen-blog.de/blog/2009/05/28/tempo-tesa-uhu-und-co-generische-markennamen/. Zugegriffen: 31. Mai 2018.

Google Inc., o. A. 2011. The zero moment of truth macro study. https://www.thinkwithgoogle.com/consumer-insights/the-zero-moment-of-truth-macro-study/. Zugegriffen: 20. Mai 2018.

Jung von Matt „Heimkommen" o. A. o. J. Heimkommen. https://www.jvm.com/de/work/edeka-heimkommen/. Zugegriffen: 24. Juni 2018.

Miller, Jason. 2017. Revealed at last: The secret code for successful content. https://business.linkedin.com/marketing-solutions/blog/best-practices–content-marketing/2017/revealed-at-last–the-secret-code-for-successful-content. Zugegriffen: 20. Mai 2018.

Rosenblum, J., und S. Huang. 2013. *The naked brand*. USA: FilmBuff.

Weiterführende Literatur

Content Fleet GmbH. 2014–2018. TURN ON – Das SATURN-Magazin. https://www.turn-on.de/. Zugegriffen: 09. Juni 2018.

Legrand, Jupp. 2016. Content Marketing – Wie „Unternehmensjournalisten" die öffentliche Meinung beeinflussen. https://kritisches-netzwerk.de/sites/default/files/otto_brenner_stiftung_-_content_marketing_-_wie_dax-unternehmen_die_oeffentliche_meinung_beeinflussen_-_lutz_fruehbrodt.pdf. Zugegriffen: 09. Juni 2018.

Questus, o. A. o. J. The naked brand. https://www.questus.com/the-naked-brand/. Zugegriffen: 31. Mai 2018.

Schrader, Dennis. o. J. 5 Signale, die entscheiden ob Besucher deiner Website vertrauen. http://www.letsblognow.de/website-vertrauensfaktoren/. Zugegriffen: 09. Juni 2018.

3

Content-Arten

> **Was Sie aus diesem Kapitel mitnehmen – Sie lernen**
> - Welche Content-Arten es gibt.
> - Wie Sie den richtigen Mix der richtigen Inhalte finden.

Den Einstieg macht eine übersichtliche Grafik (Abb. 3.1):

Social-Content
Als Social-Content werden alle Inhalte verstanden, die über öffentliche Plattformen und soziale Medien erstellt oder verbreitet werden. Anders als mit Google AdWords ist es Unternehmen damit möglich, den Nutzern auf einer persönlichen Ebene zu begegnen und sie mit authentischen Inhalten zu überzeugen. Social-Content dient vielmehr der Verbreitung reellen Mehrwerts als einem rein kommerziellen Zweck. Ein Unternehmen wirkt damit wesentlich nahbarer, persönlicher und vertrauenswürdiger.

Mithilfe diverser Postings und Beiträge in den sozialen Netzwerken können Brands einen User auf eine andere Art und Weise ansprechen als beispielsweise über Ratgeberartikel. So werden die User teils deutlich effektiver abgeholt als über andere Medien. Mittlerweile gehören

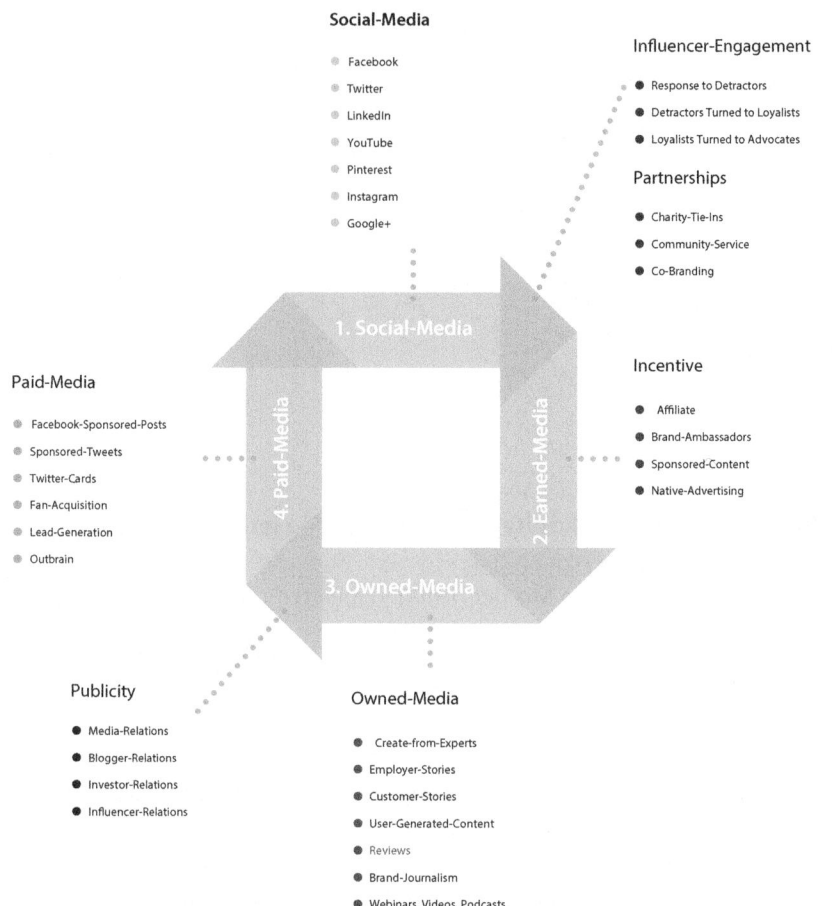

Abb. 3.1 Die vier Content-Arten: Social, Earned, Owned, Paid. (Quelle: eigene Darstellung nach Dietrich 2018)

die sozialen Netzwerke für die meisten von uns zum Alltag und dienen neben privaten Accounts und Bilderuploads vor allem als fest verankerte Informationsquelle. Dies bietet eine optimale Basis für die Zielgruppenansprache und Reichweiten-Generierung – schließlich sind die Nutzer höchst affin und wenden sich von Social-Content nicht so schnell ab wie von offensichtlicher Werbung. Eine Verteilung der genutzten Social-Media-Plattformen zeigt Abb. 3.2.

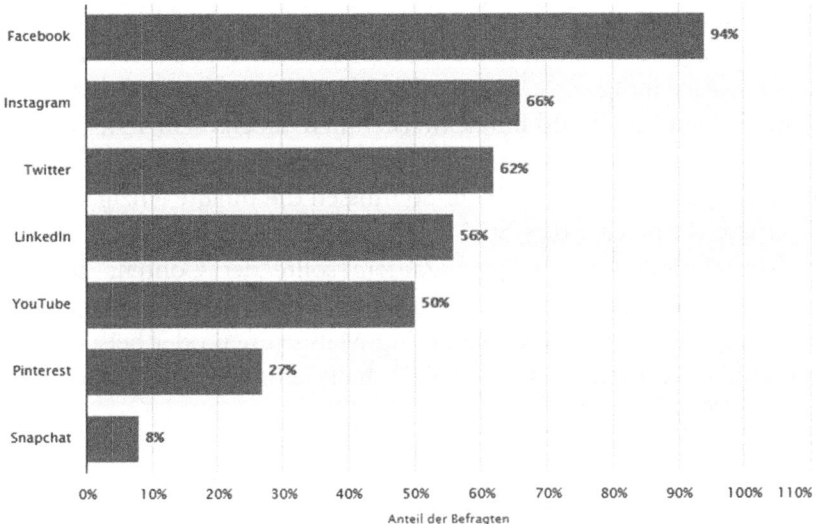

Abb. 3.2 Verteilung der genutzten Social-Media-Plattformen weltweit im Januar 2018. (Quelle: Statista 2018)

Zudem ermöglicht Social-Content eine direkte Interaktion mit dem Kunden und bringt ihn dazu, sich auf einem wesentlich höheren Level aktiv mit einer Botschaft und einem Unternehmen zu befassen als er es bei klassischen Werbebotschaften tun würde. Daraus resultiert häufig ein Social-Engagement, das sich beispielsweise in Form positiver Kommentare, Likes oder Shares äußert. Dies kann unter Umständen sogar das Google-Ranking positiv beeinflussen. Um diesen Erfolg zu erzielen, muss der Inhalt einer hohen Qualität entsprechen und auf die Zielgruppe ausgerichtet sein. Auch das verwendete Format muss an den Kanal angepasst werden. Seitenlange Whitepaper oder Ratgeberartikel wären auf Instagram kaum denkbar. In diesem Beispiel sollte lieber auf emotionale Bildbotschaften gesetzt werden. Grundsätzlich ist ein gesunder Mix der relevanten Social-Kanäle unabdingbar, um eine Botschaft effektiv zu verbreiten. Ebenso ist der Zeitpunkt der Veröffentlichung ausschlaggebend. Es bringt schließlich nichts, ein Profil anzulegen und einmalig zu posten. Vielmehr muss eine Regelmäßigkeit dahinterstecken, welche die Neugier und das Interesse der Nutzer aufrechterhält und bindet.

Earned-Content
Unter Earned-Content werden solche Inhalte verstanden, die vom Nutzer selbstständig verbreitet werden. Die Zielgruppe wird dadurch zu einem eigenen Kanal und hilft Unternehmen dabei, mehr Reichweite zu generieren. Um Earned-Content zu erreichen, müssen Inhalte allerdings einige Qualitätskriterien erfüllen. So müssen die Inhalte einzigartig sein, mit einem ansprechenden Stil, einer guten Aufbereitung und relevanten Informationen überzeugen. Zudem sollte der Content auch auf Suchmaschinen optimiert, übersichtlich aufgebaut und klar verständlich sein. Mit gezielten Content-Marketing-Maßnahmen oder beispielsweise über Public-Relations werden diese Inhalte effizient an die Zielgruppe herangetragen.

Ist dies erfüllt, sind Erfolge wie die Erhöhung des Traffics und Social-Engagements nicht mehr fern. Dabei ist zu beachten, dass Earned-Content – anders als beim Paid-Content – nicht gekauft, sondern nur über hochwertige relevante und unterhaltsame Inhalte verdient werden kann. Um echte Empfehlungen in Form von Kommentaren, Erwähnungen, Shares oder Erfahrungsberichten zu generieren, müssen die Inhalte über die richtigen Kanäle verbreitet werden, in denen die Zielgruppe auch aktiv ist. Die besondere Glaubwürdigkeit, die hinter diesen authentischen Empfehlungen steckt, ist ein klarer Vorteil von Earned-Content.

Allerdings ist hierbei auch große Vorsicht geboten! Schließlich geht es bei Earned-Content um die automatische Verbreitung von Inhalten – und vor allem um die selbstbestimmten Meinungen der User, die dabei immer mitschwingen. Diese sind in unserer Medienvielfalt und der breiten Masse an Nutzern nicht zu kontrollieren, was besonders dann von Nachteil ist, wenn negative Botschaften verbreitet werden. Daher darf Earned-Content niemals als „kostenlose Werbung" angesehen werden. Vielmehr sollte viel Zeit, Recherche und Aufwand in die Erstellung des Contents gesteckt werden, um den hohen Qualitätsansprüchen gerecht zu werden. Wird dies nicht beachtet und werden beispielsweise Halbwahrheiten verbreitet, ist mit negativen Kommentaren zu rechnen.

Hier ist zum Beispiel Earned-Content zu finden:

- Blogs von Dritten
- Publikationen in den Medien wie Zeitschriften, Zeitungen und Co.
- Erwähnung in Social-Media

Owned-Content
Owned-Content steht für alle Inhalte, die über die eigenen Kanäle eines Unternehmens verbreitet werden. So zum Beispiel über die Website, den monatlichen Newsletter, den eigenen Blog-, Ratgeber- oder Magazinbereich und diverse Social-Media-Accounts. Hinter den veröffentlichten Inhalten steht ganz klar eine Marke, um langfristige Kundenbeziehungen aufzubauen. Dazu müssen die eigenen Kanäle allerdings professionell aufgezogen, gepflegt und regelmäßig befüllt werden.

Ein großer Vorteil von Owned-Content ist, dass das Unternehmen anders als beim Earned-Content die Kontrolle behält. Hinzu kommt, dass selbsterstellte Inhalte und deren Vertrieb wesentlich kostengünstiger sind als bezahlte Werbung. Allerdings wirkt Owned-Content weniger glaubwürdig als Social-Content oder Earned-Content, welche beide von authentischen Empfehlungen und nicht kommerziellen Inhalten leben. Schließlich steht eine Marke im Fokus, die logischerweise ihre jeweiligen Conversion-Ziele verfolgt – nichts, was einem User das Gefühl gibt, dass er und seine Bedürfnisse im Mittelpunkt stehen.

Der Otto Versandhandel hat dieses Problem erfolgreich umgangen, indem sogenannte entkommerzialisierte Zonen geschaffen wurden, die von der eigentlichen Website separiert veröffentlicht werden. Entstanden sind mehrere Themenblogs, die dem User Inspirationen, Hilfestellungen und Beratungen an die Hand geben, ohne, dass die Marke Otto im Vordergrund steht. Zwar ist eine Verbindung zur eigentlichen Haupt-Website und dem Online-Shop nach wie vor vorhanden und auch erkennbar, allerdings deutlich weniger prominent als wir es von herkömmlichen Blog- oder Ratgeber-Bereichen kennen. So wird der Eindruck vermittelt, dass der Besucher mit seinen Bedürfnissen oder Fragen im Fokus steht und nicht etwa der Verkaufsgedanke von Otto.

Owned-Content ist zum Beispiel an folgenden Orten zu finden:

- Websites
- Blogs, Magazine, Ratgeber
- Social-Media
- E-Mail-Marketing und Newsletter
- Whitepaper
- Podcasts und Webinare
- Kundenzeitschriften
- Fachvorträge

Paid-Content

Paid-Content bezeichnet jede Form von Inhalten, die innerhalb bezahlter Werbemaßnahmen verbreitet werden. Hierbei handelt es sich um die meistgenutzte Werbeform, auf die Unternehmen im Internet zurückgreifen, um ihren Content gezielt zu bewerben und den Reichweitenaufbau anzukurbeln. In diese Kategorie fallen beispielsweise die klassischen Banneranzeigen oder Facebook- und Twitter-Anzeigen.

Für Unternehmen ist die Verbreitung von Paid-Content gut steuer- und kontrollierbar. Sie können beispielsweise über die Suchmaschinenwerbung mit Google AdWords jederzeit Kampagnen starten und zu jeder Zeit die jeweiligen Kosten im Blick behalten. Allerdings sind viele Online-Nutzer misstrauisch, wenn es um offensichtliche Bannerwerbungen und Co. geht. Viele nutzen AdBlocker, um Werbemaßnahmen im Netz bewusst auszublenden. Die Glaubwürdigkeit von Paid-Content ist daher im Vergleich zu den anderen drei genannten Content-Arten nicht sonderlich groß. Dennoch sollte diese Form nicht außer Acht gelassen werden. Schließlich kann die Verbreitung authentischer Inhalte über unbezahlte Kanäle mithilfe von Paid-Maßnahmen spürbar unterstützt werden und wesentlich mehr Traffic zu einem Webseiten-Content leiten.

Zu Paid-Content zählen beispielsweise

- Social-Ads,
- Suchmaschinenwerbung über Google AdWords,
- Spezialisierte Plattformen für die kostenpflichtige Content-Distribution,
- Fernseh-, Kino- und Radiowerbung
- oder Print- und klassische Außenwerbung.

Den richtigen Mix finden
Die vier genannten Content-Arten, bestehend aus Social-, Earned-, Owned- und Paid-Content, decken noch lange nicht die im Netz vorhandene Vielfalt ab. Es existieren Unmengen von Überschneidungen und Mischformen, die deutlich machen, dass keine genannte Content-Art völlig separiert betrachtet werden kann. Es geht vielmehr darum, je nach Strategie und Zielsetzung zu definieren, wo der eigene Content anzusiedeln ist und welche Kanäle für die Verbreitung sinnvoll sind. Dabei können mehrere Content-Arten infrage kommen und individuelle Mischformen gewählt werden.

Aktuell herrscht noch etwas Zurückhaltung, wenn es um neue Kanäle geht. Gerade die älteren Konsumenten setzen auf die Glaubwürdigkeit von Owned-Media. Der Trend geht auch ganz klar in die Richtung von nicht-kommerziellem Owned-Content und der Möglichkeit, mehr Transparenz sowie Professionalität, Emotionalität und Persönlichkeit eines Unternehmens zu zeigen. Owned-Media gewinnt zunehmend an Bedeutung und ist bereits zu Beginn eines Kaufentscheidungsprozesses für rund 43 % der Konsumenten eine hilfreiche Stütze. Bis hin zum Kauf hält sich dieser Wert recht stabil und steigt nach dem Abschluss signifikant an. Dies kann als Beleg dafür gesehen werden, dass eine Menge Potenzial in der Kundenkommunikation und langfristigen Bindung steckt (Freye 2015). Die Nutzung von Paid-Media ist hingegen dauerhaft relevant und sollte die unbezahlte Content-Verbreitung unterstützen.

Die verschiedenen Ausprägungen der Akzeptanz und Bedeutung der verschiedenen Content-Arten für den User lassen ganz klar erkennen:

> Ein gesunder Mix macht's und bringt der Zielgruppe den größten Nutzen.

So wird es möglich, einen User während seines Kaufentscheidungsprozesses an den jeweils relevanten Touchpoints mit den richtigen Inhalten abzuholen. Dadurch erzielen Unternehmen wiederum einen besseren ROI, da der verstärkte Einsatz von Content- und Inbound-Marketing nicht nur Kosten spart, sondern auch zukunftssicher ist, wie der Trend belegt.

Generell geht es darum, den optimalen Content-Fokus, wie in Kap. 4 genauer beleuchtet wird, zu beachten. So können Unternehmen sich vom Wettbewerb abheben und eine hochwertige Online-Präsenz anstreben.

> **Ihr Transfer in die Praxis**
> - Welche Content-Arten verwenden Sie? Führen Sie am besten einen Content-Audit durch und definieren Sie die Inhalte.
> - Besteht ein Content-Mix oder haben Sie sich auf eine Content-Art fokussiert?
> - Welche Content-Art weist besonders gute User-Behavior-Daten auf?

Literatur

Dietrich, Gini. 2018. PR pros must embrace the PESO model. https://spinsucks.com/communication/pr-pros-must-embrace-the-peso-model/. Zugegriffen: 10. Juni 2018.

Freye, Marcus. 2015. Studie: Trends im Content-Mix – Wie Owned und Paid Media zusammenwachsen. https://www.aufgesang.de/blog/studie-trends-im-content-mix-wie-owned-und-paid-media-zusammenwachsen-12710. Zugegriffen: 10. Juni 2018.

Statista. 2018. Anteil der Unternehmen, die folgende Social Media Plattformen nutzen weltweit im Januar 2018. https://de.statista.com/statistik/daten/studie/71251/umfrage/einsatz-von-social-media-durch-unternehmen/. Zugegriffen: 10. Juni 2018.

Weiterführende Literatur

Textbroker. o. A. o. J. Paid media, owned media, earned media. https://www.textbroker.de/paid-media-owned-media-earned-media. Zugegriffen: 8. Juni 2018.

4
Definition des optimalen Content-Fokus

> **Was Sie aus diesem Kapitel mitnehmen – Sie lesen**
> - Wie Sie Ihre Zielgruppe analysieren und definieren.
> - Was Nutzer wirklich wollen.
> - Welcher Content die gewünschte Aufgabe erfüllt.
> - Wie Sie ihren Content entsprechend der Nutzerbedürfnisse planen.

4.1 Zielgruppenanalyse und -definition

Wer Erfahrung beim Schreiben mitbringt, verfasst schnell einen 500-Wörter-Text zu einem definierten Thema. Doch ist dieser Text auch wirklich gut? Sprechen die Inhalte die Zielgruppe an? Sind sie überhaupt relevant für die Zielgruppe? Wenn vor der Texterstellung keine Zielgruppenanalyse durchgeführt wurde beziehungsweise es nicht klar ist, wer die Zielgruppe überhaupt ist, wird auch der Text nicht relevant sein. Aus diesem Grund sollten Online-Redakteure nicht nur suchmaschinenoptimiert, sondern vor allem zielgruppenorientiert schreiben.

Dabei müssen drei Faktoren bedacht werden
1. Das zu erreichende Ziel müssen sich Texter stets vor Augen halten.
2. Die Zielgruppe muss bekannt sein.
3. Die Erwartungshaltung der User muss bekannt sein (User-Intent).

Noch bevor es an die Themenrecherche, die Definition der Content-Arten und letztlich die Content-Erstellung geht, müssen Personas erstellt werden.

> **Definition Personas**
> Der Term „Persona" kommt aus dem Lateinischen und bedeutet „Maske". Ursprünglich kommt der Begriff aus dem Bereich der Mensch-Computer-Interaktion (MCI). Dabei stellt die Persona einen Prototyp mit definierten Charaktereigenschaften und einem konkreten Nutzungsverhalten in Bezug auf spezifische Computeranwendungen dar. Das Online-Marketing hat sich dieses Prinzip zunutze gemacht, um Websites anhand der Eigenschaften einer bestimmten Nutzungsgruppe zu optimieren. Durch die unterschiedlichen Charakteristiken der fiktiven Personen können so verschiedene Szenarien nachgespielt werden und Content auf die Bedürfnisse der Zielgruppe angepasst werden.

Personas schulen das Gespür der Verantwortlichen für die Ansprüche und Anforderungen der Kunden. Denn die definierten Personengruppen beziehungsweise Zielgruppen, die angesprochen werden sollen, unterstützen sehr bei der Beantwortung der Fragen der User und helfen dabei, die richtige Sprache zu bedienen. Dies ist ein elementares Werkzeug bei der Content-Erstellung. Nur so kann optimal der Mehrwert beziehungsweise Nutzen des Angebots herausgestellt werden.

Bei der Definition der Personas können bereits einfache Fragen helfen
- Wie alt ist der Kunde?
- Welchen Beruf übt der Kunde aus und was sind seine Zukunftsziele?
- Wo lebt der Kunde?
- Welchen Freizeitinteressen geht er nach?
- Wie ist das Einkaufsverhalten der Persona?
- Wie würde sich die Beispiel-Person mit einem Satz beschreiben?

Diese Fragen dienen bei der Analyse der Zielgruppe. Hilfreich ist es vor allem, der Persona einen Namen zu geben. Die Dienstleistung/das Produkt soll schließlich nicht an Kunde XY verkauft werden. Es soll eine reale Person angesprochen werden, die das Produkt tatsächlich erwerben möchte. Der Kreativität sind dabei keine Grenzen gesetzt. So kann sich der Name auch am Produkt orientieren, um den direkten Bezug besser zu verdeutlichen.

Handelt es sich beispielsweise um eine Dienstleistung der Industriebranche, zum Beispiel der Verkauf von Solaranlagen, werden vorrangig Hausbauer oder Hausbesitzer angesprochen. Diese Kunden-Zielgruppe hat sehr wahrscheinlich einen Altersdurchschnitt von Mitte 30 und ein überdurchschnittliches Einkommen, um diesem Wunsch überhaupt nachkommen zu können. Eine mögliche Persona des Käufers könnte in diesem Fall so aussehen:

Beispiel-Persona 1

Name: Andreas Solarhaus
Alter: 33
Beruf: Ingenieur
Herkunft: München
Freizeitinteressen: engagiert sich für eine ökologische und nachhaltige Lebensweise, Wandern, Sport.
Bedürfnisse: Unabhängigkeit vom Energieversorger, Umweltschutz durch Senkung fossiler Brennstoffe, angenehmes Preis-Leistungs-Verhältnis.
Befürchtungen: Anbieter von Solaranlagen erfüllt nicht die Bedingungen, Effizienz ist geringer als erwartet.
Zitat: „Mein Name ist Andreas und ich habe vor 2 Jahren mit meiner Frau ein Haus gebaut. Nun möchte ich das Dach mit einer Solaranlage ausstatten, um von unserem städtischen Energieversorger unabhängig zu sein. Ich setze mich in meiner Freizeit sehr für eine grüne Lebensweise ein und möchte das auch meinen zukünftigen Kindern vermitteln. Durch die Solaranlage trage ich aktiv zum Umweltschutz bei und erhalte gleichzeitig finanzielle Vorteile für meine Familie. Ich hoffe nur, dass das Unternehmen meine Erwartungen erfüllt – wenn nicht gar übertrifft – und ich so unbeschwert ein Stück mehr für unsere Umwelt tun kann."

Die Beispiel-Persona zeigt, wie mit nur wenig Aufwand ein Kunde generiert werden kann, der für eine ganze Zielgruppe steht. Entsprechend der jeweiligen Bedürfnisse und Zielsetzungen können die einzelnen Punkte noch erweitert werden. Im Falle der Solaranlage wäre auch noch der Beziehungsstatus relevant: So investiert ein Familienvater wie Andreas wahrscheinlicher in eine Fotovoltaikanlage als ein Single-Mann. Ebenso kann die Motivation unterschiedlicher Personas zu unterschiedlichen Entscheidungen führen. Für Andreas steht der Umweltschutz im Vordergrund, für den Single-Mann eher die finanziellen Vorteile. Durch derartige Ausschlussverfahren können auch Personas erstellt werden, die keinesfalls bedient werden sollen. Der gegenteilige Charakter von Andreas kann beispielsweise so aussehen:

Beispiel-Persona 2

Name: Julius Müller
Alter: 25
Beruf: Unternehmensberater
Herkunft: München
Freizeitinteressen: Golfen, Autos
Bedürfnisse: Ein sicheres Dach über dem Kopf, Zeit für Freunde wahren, Spaß am Leben haben.
Befürchtungen: finanzielle Abhängigkeit, Verlust der Freizeit.
Zitat: „Mein Name ist Julius und ich habe vor Kurzem meinen Master absolviert. Nun bin ich in einer großen Unternehmensberatung als Consultant tätig und genieße die finanzielle Unabhängigkeit. Ich reise viel und habe ein Faible für schnelle Autos. In meinem Leben achte ich vor allem darauf, dass es mir gut geht. Dabei möchte ich so viel wie möglich erleben und arbeite viel und gerne, um meine Finanzen zu sichern. Ich finde es zwar richtig, sich für unsere Umwelt einzusetzen, allerdings fehlt mir persönlich die Motivation, dem Umweltschutz nachzugehen."

Exkurs: Neuromarketing für die Zielgruppendefinition
Um Zielgruppen fundiert darzustellen, können auch verschiedene Modelle aus der Neurowissenschaft herangezogen werden. Dabei geht es um die Emotionen der einzelnen Personen und das Unbewusste derer. Durch intelligente Content-Erstellung können die Motivation der User und deren Kaufentscheidung beeinflusst werden.

4 Definition des optimalen Content-Fokus

So können durch die visuelle Aufbereitung von Websites und dem darauf vorhandenen Content User und deren unterschiedlichen Emotionssysteme angesprochen werden. Zum einen die Person und deren Emotionen selbst, zum anderen die gesellschaftlichen Werte, von welchen der Nutzer geprägt wurde.

In der Werbung wird schnell deutlich, welche Zielgruppen angesprochen werden sollen. Media Markt setzt dabei auf aggressive Werbung, immer in roter Farbe gehalten (Abb. 4.1). Hier stehen die Darstellung der großen Auswahl und die Betonung der günstigen Preispolitik im Vordergrund. Ebenso ist die leistungsorientierte Präsentation gut sichtbar und spricht User im Performance-Shopping-Bereich gut an.

Anders sieht es beim Online-Shop von DEPOT aus (Abb. 4.2). Bei DEPOT kaufen insbesondere Frauen ein, die das eigene Heim häuslich und gemütlich einrichten möchten. Dabei stehen Gemütlichkeit und Balance natürlich im Mittelpunkt. Dies suggeriert auch die Startseite des Online-Shops: Große Bilder mit Einrichtungsvorschlägen regen die

Abb. 4.1 Screenshot der Startseite der Media-Markt-Website, Stand 02.08.2018

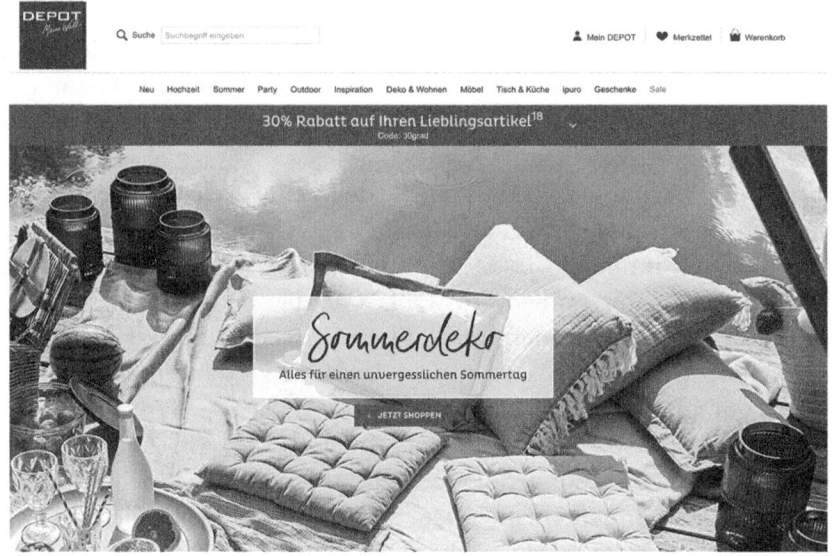

Abb. 4.2 Screenshot der Startseite der DEPOT-Website, Stand 03.08.2018

Fantasie der Kunden an, schaffen ein emotionales Shopping-Erlebnis und präsentieren konkrete Dekorationsmöglichkeiten. Inspirational-Shopping nennt sich diese Darstellung und erzeugt das gewünschte Gefühl beim Kunden.

Grundsätzlich sollte bei der Zielgruppenanalyse und -definition darauf geachtet werden, dass Personas erstellt werden, die es wirklich gibt und die nicht nur der reinen Fantasie entsprechen. So gibt es nicht nur die Hausfrau mit Mitte 30, zwei Kindern, Haus, verheiratet. Da ist auch die Hausfrau mit Mitte 30, die zwei Kinder hat, aber halbtags arbeiten geht, weil ihr Mann nicht ausreichend verdient und sie sich ein Haus mit Garten leisten möchten. Aber auch die alleinerziehende Frau mit Mitte 30 und zwei Kindern gibt es, die in Vollzeit arbeitet, um über die Runden zu kommen, aber dennoch ihre Freizeit nicht vernachlässigen möchte. Und dann gibt es da noch den Witwer: Mitte 30, zwei Kinder, dessen Frau bei einem Autounfall ums Leben gekommen ist und er nun als alleinerziehender Vater den Kindern Vater und Mutter zugleich sein muss, in Vollzeit arbeitet und die restlichen Schulden vom gemeinsam gekauften Haus abzahlen muss. Soziodemografisch ähneln sich die Zielgruppen sehr, doch aufgrund ihrer Lebenswelten unterscheiden sie sich und sind damit in unterschiedliche Milieus einzuordnen. All solche Punkte müssen bei der Zielgruppenanalyse und -definition bedacht und erörtert werden.

Zusammenfassung der Persona-Definition
1. **Zieldefinition:** In engem Austausch mit den Verantwortlichen der Content-Produktion muss geklärt werden, welche Ziele mit dem Content verfolgt werden (siehe Kap. 2).
2. **Datenanalyse:** Wenn möglich sollten Personas immer auf Daten basieren. Dabei helfen Marktdaten, die durch interne oder externe Marktforschungen und -analysen erhoben werden, aber auch Umfragen, Interviews, Kundenfeedback, Erfahrungsberichte, Daten aus dem CRM und viele weitere Informationen. Als Start-up ist der Zugriff auf Analysedaten meist schwierig. In diesem Fall sollte man auf externe Datenquellen zurückgreifen. Ist dies nicht möglich, hilft es, sämtliche Szenarien durchzuspielen, welche die künftige Zielgruppe mit dem Produkt erleben wird.
3. **Auswertung:** Anhand der ermittelten Datensätze können die Daten gefiltert und sortiert werden. die einzelnen Cluster können dann mit Attributen näher definiert werden.
4. **Persona-Erstellung:** Die Charakteristika sind definiert. Aus den einzelnen Clustern können nun mehrere Personas erstellt werden, welche die unterschiedlichen Ansprüche erfüllen. Nun sollten die Charaktere auch ein Bild erhalten. Hierfür können Sie Stockbilder verwenden, die Ihre Persona perfekt verkörpern.
5. **Etablierung:** Damit die Persona niemals in Vergessenheit gerät, sollte jeder Verantwortliche einen Ausdruck der Persona vor sich haben. Hängen Sie Bilder auf, den Beschreibungstext oder lassen Sie eine Pappfigur anfertigen, die bei Besprechungen immer mit im Raum sitzt. So wird der definierte Wunschkunde ein Teil Ihres Teams.

4.2 User-Intent: Was Nutzer wirklich wollen

Beim User-Intent handelt es sich um die Absicht des Users, mit der Eingabe seiner Suchanfrage die bestmögliche Antwort darauf zu erhalten. Dabei lässt sich zwischen navigationalen, informationalen und transaktionalen Suchanfragen unterscheiden. Ziel der Suchmaschinenoptimierung und vor allem des zugehörigen Contents ist es, den User-Intent ausgezeichnet verstehen zu können. Nur so können auch die Bedürfnisse des Users optimal befriedigt werden, im besten Fall entsteht hierdurch auch die gewünschte Conversion.

2015 rollte Google ein Core-Algorithmus-Update aus. Welche genauen Änderungen am Algorithmus vorgenommen wurden, wurde nicht bekannt gegeben. In Fachkreisen ist deshalb auch vom Phantom-Update die Rede. In einem Bericht an Search Engine Land sagt Google zum Update: „[…] there were changes to its core ranking algorithm in terms of how it processes quality signals" (SISTRIX o. J.). Diese Aussage lässt vermuten, dass sich das Update nach dem Panda-Update im Jahre 2011 und dem Penguin-Update im Jahre 2012 ebenfalls auf die Qualitätsrichtlinien hinsichtlich des Contents einer Website spezialisiert hat. Umso größer ist also die Notwendigkeit, die Nachfrage der Nutzer mit einem ausreichenden Angebot zu decken.

Welches Angebot die User tatsächlich benötigen, kann mit sogenannten W-Fragen-Tools herausgefunden werden. Diese teilweise kostenlosen Tools wie w-fragen-tool.com oder answerthepublic.com zeigen in wenigen Schritten schnell und einfach auf, welche Fragen zu einem Thema gesucht werden (Abb. 4.3 und 4.4).

Durch die Nutzung dieser Tools kann auch eine logische Nutzerführung erzeugt werden. Von einer generischen Frage zu einem Thema werden die Nutzer über die Startseite auf die jeweiligen Unterseiten weitergeleitet, um so gezielt die Conversion-Rate zu erhöhen.

Am Beispiel der Suchanfrage „kinderwagen" könnte dies wie folgt aussehen
1. Welcher Kinderwagen ist der richtige?
2. Welche Kinderwagen eignen sich zum Joggen?
3. Welches Zubehör für den Kinderwagen?

4 Definition des optimalen Content-Fokus

4. Wohin kommt das Lammfell im Kinderwagen?
5. Welches Kissen für Kinderwagen im Winter?

Die Anfragen werden immer konkreter und so kann im fünften Schritt die Conversion positiv beeinflusst werden. Eine ausführliche Produktbeschreibung mit sämtlichen Vor- und Nachteilen der unterschiedlichen Kissen, Materialien und vielen weiteren Faktoren können nun genannt werden. Zudem sollten auch Produkte auf der Landingpage gezeigt werden, um die Entscheidung zu vereinfachen und direkt die Merkmale vergleichen zu können.

Anhand der genannten Tools werden die Nutzerbedürfnisse konkretisiert. Dieses Wissen ist die Voraussetzung, um User auf ihrem Ziel zu begleiten und ihnen aktiv und logisch den Weg zum Ziel zu zeigen. Um dies zu ermöglichen, müssen auch die unterschiedlichen Suchanfragen bekannt sein und entsprechend der Keywords zugeordnet werden.

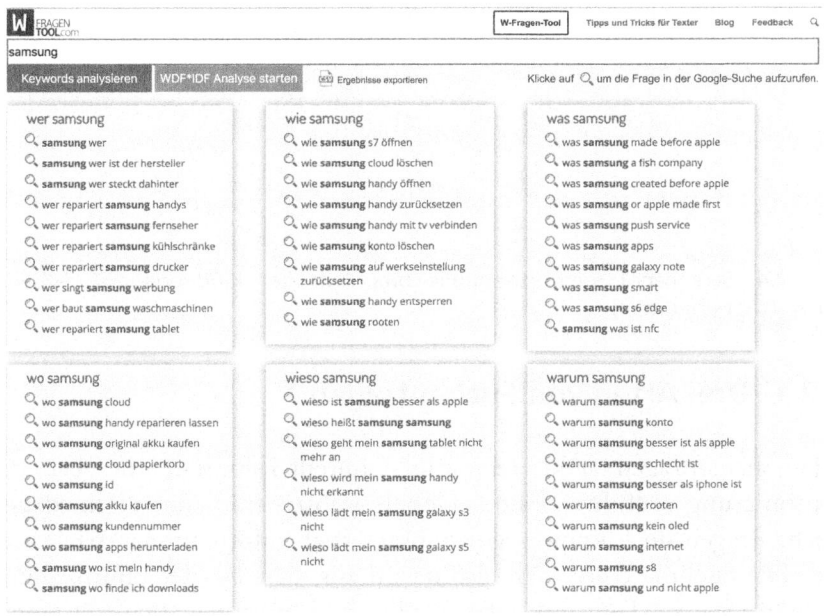

Abb. 4.3 Screenshot w-fragen-tool.com, Anfrage „samsung". (Quelle: w-fragen-tool.com)

Abb. 4.4 Screenshot answerthepublic.com, Anfrage „kinderwagen". (Quelle: answerthepublic.com)

4.2.1 Drei Arten von Suchanfragen

Die Suchanfragen sind relevante Content-Faktoren, die bei der Optimierung zielführend sind. Google selbst nennt die verschiedenen Suchanfragen do – know – go: transaktional, informational, navigational. Die Suchmaschine geht also davon aus, dass bei der Eingabe einer Suchanfrage der User entweder ein Produkt erwerben, sich mit einem Thema näher auseinandersetzen oder weiß, welche Seite er aufrufen möchte, die URL aber nicht kennt.

4 Definition des optimalen Content-Fokus

Googles Ziel ist es, die Semantik der Suche zu verstehen. Bei Suchanfragen, die sowohl informational als auch transaktional sein können, bildet die Suchmaschine verschiedene Antworten auf die Suchanfrage ab. Dies ist oftmals bei Städte- und Ländersuchen der Fall, um so viele User-Intents wie möglich abzudecken. Die Grafik zeigt einen Screenshot der ersten Google-Ergebnisseite zur Suchanfrage „portugal" (Abb. 4.5). Hier werden neben allgemeinen Informationen über das Land auch Hinweise auf mögliche Aktivitäten (=Google Destinations) angeboten und Hotels vorgeschlagen. Für die Hintergrundinformationen zum Land wird sowohl auf Wikipedia, die offizielle Tourismusseite aber auch auf Focus verwiesen. Die möglichen Aktivitäten in Portugal werden praktischerweise mit Hotel- und Flugkosten versehen. So sehen die User auf einen Blick, mit welchen Reisekosten sie rechnen müssen.

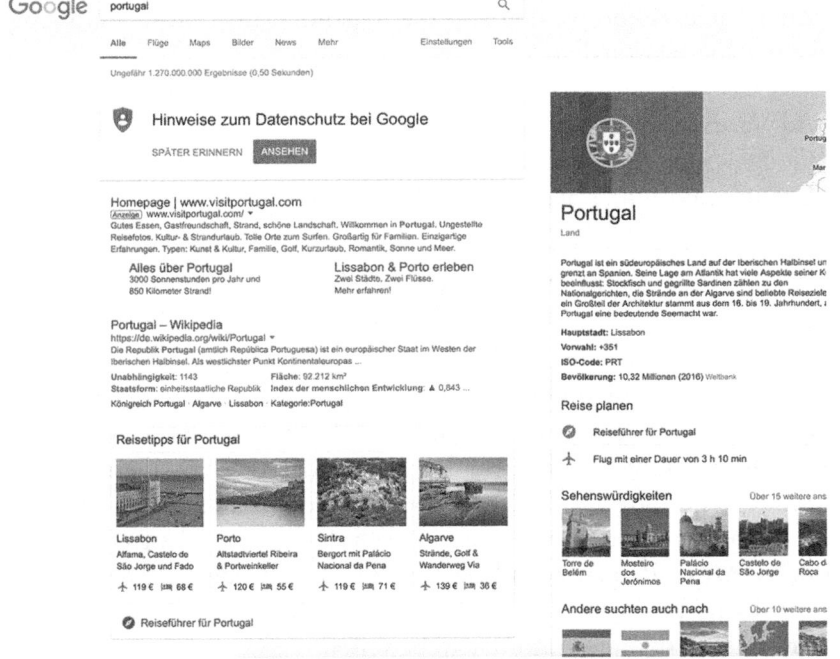

Abb. 4.5 Screenshot der Suchergebnisse zu „portugal", Stand 02.08.2018. (Quelle: Google)

4.2.2 Do: Transactional-Search

Bei einer transaktionalen Suchanfrage möchte der User etwas kaufen. Er benötigt keine Informationen mehr und möchte sofort zum gewünschten Produkt geleitet werden. Die Suchanfragen können dabei sowohl in Zusammenhang mit der Brand stehen als auch ohne, z. B. [Brand] + [„rote Schuhe"] + [„online kaufen"] oder [Produkt] + [„online kaufen"] etc.

Bei transaktionalen Suchanfragen kann es sich aber auch um generische Suchbegriffe handeln. Eine Suche nach dem neuesten Samsung Galaxy muss oftmals nicht mit einem Verb, das einen Kauf impliziert, kombiniert werden, um entsprechende Suchergebnisse zu erhalten. Der User erhält rechts neben den Suchergebnissen einen Überblick der Angebote und Preise für den Kauf. In den Suchergebnissen werden auch Vergleiche genannt und eine Verlinkung auf die Webseite des Herstellers (Abb. 4.6).

Zusammenfassend werden also die folgenden Ergebnisse von Google bei einer transaktionalen Suchanfrage ausgespielt:

- AdWords-Anzeigen
- Google-Shopping-Anzeigen
- Organisch: Online-Shops, Vergleichsportale

4.2.3 Know: Informational-Search

Bei dieser Search-Query geht es um Suchanfragen, die ein breites Themenfeld abdecken. User, die mit einer informationalen Anfrage einsteigen, möchten eine Antwort auf ihre Frage erhalten, etwas lernen, tiefere Informationen erlangen. Wichtig dabei ist, dass diese Antwort so schnell wie möglich die User erreicht. Website-Betreiber sollten deshalb Content-Formate wählen, die dem User einen Nutzen bringen: How-to-Posts, Ratgeber-Artikel, Step-by-Step-Guides, Video-Tutorials oder Infografiken helfen bei der Umsetzung. Zudem erhält die Brand die Chance, Expertise und Autorität zu beweisen.

4 Definition des optimalen Content-Fokus

Abb. 4.6 Screenshot Google-Suche „samsung galaxy s8", Stand 01.08.2018. (Quelle: Google)

Mit einer guten Optimierung dieser Artikel besteht zudem die Möglichkeit, in den Direct-Answers zu erscheinen. Verschiedene Studien bestätigen, dass 50 % bis 80 % der Suchanfragen an eine Direct-Answer weiterleiten (Anthony 2016).

Auch Rezepte sind eine gute Möglichkeit, um über die Direct-Answers Aufmerksamkeit zu erlangen (Abb. 4.7).

Durch eine gute Optimierung der Webseiten, wobei die relevanten Themen mit Bullet-Points versehen werden, besteht die Möglichkeit, einen Platz in den Featured-Snippets zu erlangen.

Abb. 4.7 Beispiel für eine Direct-Answer bei Google zur Suchanfrage „marmorkuchen rezept", Stand 01.08.2018. (Quelle: Google)

Für die Umsetzung müssen nur wenige Faktoren bedacht werden
1. Mögliche Fragen sollten strukturiert mit wenig Text beantwortet werden (max. 50 Wörter).
2. Die Fragestellung sollte mit dem h2-Tag ausgezeichnet sein.
3. Sollen Tabellen in den Featured-Snippets angezeigt werden, müssen auch diese in HTML formatiert werden.
4. Passender Content sollte auf der gesamten Seite vertreten sein.
5. Die Antwort kann mit Cliffhangern versehen sein und somit die „Lust auf mehr" wecken – so klickt der User auf den Link und sendet positive User-Signale an die Suchmaschine.

Zusammenfassend werden folgende Suchergebnisse über die Informational-Search angezeigt:

- Featured-Snippets
- Organisch: Magazine, Blogs, Foren

4.2.4 Go: Navigational-Search

Wer als Webseiten-Betreiber über eine Navigational-Search-Query mit seinen Inhalten gefunden werden möchte, sollte vor allem die Startseite der Domain perfekt optimieren, da es sich meist um eine Markensuche handelt. Bei dieser Art der Suchanfrage weiß der User genau, nach was er sucht – ausschließlich die URL ist unbekannt. Bei einer Markensuche erwartet er demnach die Startseite der Brand, in seltenen Fällen auch Schlagzeilen über aktuelle Entwicklungen des gesuchten Unternehmens. In diesem Beispiel kann eine navigationale Suche auch eine informationelle Suche sein, da sich der Nutzer über die Marke informieren möchte.

Ein weiteres Beispiel ist YouTube. Niemand kennt die URL eines bestimmten Videos. Deshalb suchen die Nutzer zunächst nach der Startseite, um von dort über die YouTube-Suche das gewünschte Video anzuschauen.

4.3 Content-Planung entlang der Customer-Journey

Um Conversions erzielen zu können, muss die Website des Unternehmens beziehungsweise des Online-Shops zunächst einmal gefunden werden. Und um gefunden zu werden, muss die Landingpage wie bereits in Abschn. 4.2 beschrieben den User-Intent optimal abdecken. Dies muss allerdings auch in Relation zur Customer-Journey geschehen.

> **Definition Customer-Journey**
>
> Die Customer-Journey ist die Reise des Kunden durchs Web, bei dem er sogenannten Touchpoints folgt, bis er seine endgültige Kaufentscheidung trifft. Mit einer Customer-Journey-Map wird dieser Weg grafisch dargestellt. In dieser Map können nicht nur die einzelnen Schritte präsentiert, sondern auch mit verschiedenen Content-Formaten verknüpft werden. Über Tracking-Tools kann im Online-Marketing die genaue Reise verfolgt werden, um so den Content entsprechend zu optimieren.

Grundsätzlich besteht die Customer-Journey aus sieben Schritten (Abb. 4.8). Die drei Steps Awareness, Consideration und Purchase sind die Hauptakteure bei der Content-Optimierung. Loyalty ist ein Bonus-Touchpoint, um User mit spannenden Themen immer wieder auf die Seite zu locken und zu Conversions zu motivieren. Hier sollten Website-Betreiber ansetzen, um die Kunden abzugreifen und auf ihrem Weg zu navigieren.

Awareness
In der Awareness-Phase wurde das Problembewusstsein und das Bedürfnis für ein Produkt oder eine Dienstleistung geschaffen. Hier können Faktoren des Online- und Offline-Marketings zusammenspielen. Klassische PR, Radio- und TV-Werbung, Außen- und Printwerbung gehen dabei Hand in Hand mit Online-Anzeigen. Die geschaffene

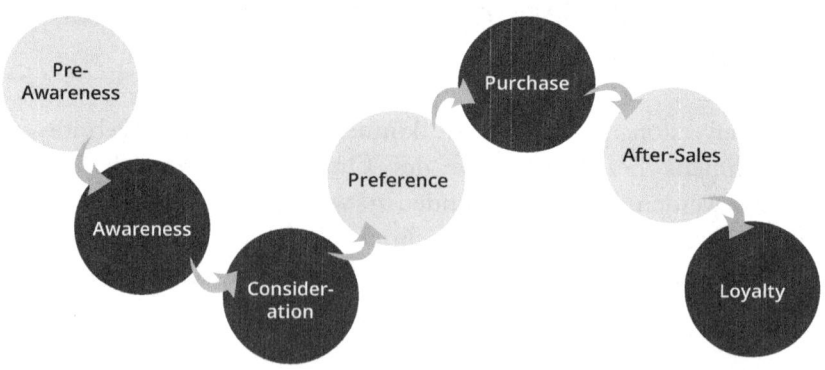

Abb. 4.8 Customer-Journey in 7 Schritten. (Quelle: eigene Darstellung)

4 Definition des optimalen Content-Fokus

Aufmerksamkeit muss so groß sein, dass die Informationen über Word-of-Mouth weitergegeben werden, um so einen noch größeren Stamm an Interessenten zu generieren.

Über Offline-Werbung angesprochene Personen werden nun im Internet nach weiteren Informationen suchen. Eine oberflächliche, generische Suchanfrage wird getätigt. Die Aufgabe der Webseite ist es nun, schnelle, übersichtliche Antworten zu liefern. Durch hochwertigen Content wie eGuides, eBooks, Whitepapers oder Analyse-Reports wird Glaubwürdigkeit vermittelt.

Consideration
Die wichtigsten Informationen wurden vom Kunden aufgenommen und er sucht nun nach einer Problemlösung. Die Suchanfragen werden konkreter – vielleicht fällt bereits der erste Produktname. Über die ausführliche Recherche wird auch der Produktwunsch spezifischer. Alternativen werden in Betracht gezogen, die günstiger oder vielseitiger sind, oder ein breiteres Repertoire an Features mitbringen.

In dieser Phase kann mit Paid-Content-Maßnahmen und AdWords-Anzeigen einiges erreicht werden. Hier ist auch der Ankerpunkt für suchmaschinenoptimierte Landingpages, die mit einer ausführlichen Produkt-/Dienstleistungsbeschreibung zum Kauf anregen. Wenn es sich um Ratgeber-Content handelt, können auch alternative Vorschläge gegeben werden, die natürlich ebenfalls ausgiebig beschrieben werden müssen. Auch konkrete Produkt-Vergleiche sind möglich, um dem User so umfassend wie möglich die Features und Eigenschaften darzustellen.

Purchase/Decision
Durch die vielen Ratgeber und Vergleiche präferiert der Kunde ein Produkt. Vorab sichert er sich nochmals durch Case-Studies, Beta-Versionen einer Software oder Fachliteratur ab. Er entscheidet sich für die Lösung des Problems und tätigt seine erste Conversion auf der Webseite.

Die ersten Erfahrungen mit dem Produkt entscheiden, ob der Kunde dem Anbieter treu bleibt und auch weiterhin seine Dienste wünscht. Nun liegt es abermals in den Händen des Anbieters, den Kunden von sich zu überzeugen und im Relevanz-Set des Users zu bleiben.

Loyalty
An diesem Punkt steht der Service im Mittelpunkt. Ein Web-Selfservice, Communitys und ein umfangreiches Service-Angebot mit Call-Center und Live-Chat helfen, mit dem Kunden bei Rückfragen in Kontakt zu bleiben. Durch diese After-Sales-Maßnahmen wird die Treue/Loyalität der Kunden bestätigt.

Durch Promotion werden Aufmerksamkeitspegel und Markentreue aufrechterhalten. Mailings, Treue-Aktionen, spezifische Angebote – all das hilft bei der Umsetzung.

Die echte Customer-Journey
Um den (SEO-)Content entlang der Customer-Journey zu optimieren, darf nicht nur entlang der linearen Customer-Journey gearbeitet werden. Es muss die echte Reise des Kunden betrachtet werden, damit die Inhalte die User auch wirklich ansprechen. Grund dafür ist, dass nicht alle User linear einkaufen. Dieses Verhalten kennt jeder sicherlich auch von sich selbst:

Ein neues Handy wird benötigt. Mit der Marke des aktuellen Handys ist man sehr zufrieden, aber das Bauchgefühl sagt, dass es etwas Besseres gibt. Zunächst werden die Informationen zum Nachfolger des aktuellen Handys gesucht. Foren, Ratgeber, Erfahrungsberichte, technische Informationen etc. werden durchforstet. Plötzlich trifft man auf einen Produkt-Vergleich. Es gibt gute Alternativen, die das eigentliche Wunschhandy in den Schatten stellen. Eine neue Suche startet und es gibt wieder Alternativen. Man dreht sich im Kreis. Beendet vielleicht gar die Suche. Nach einigen Tagen nimmt man die Suche wieder auf und durchläuft den Kreislauf nochmals. Erst nach langwieriger Informationssuche herrscht Sicherheit. Die Entscheidung ist gefallen und soll durch weitere Artikel und Ratgeber bestätigt werden. Nun, endlich, ist der Kauf getätigt.

Das Beispiel zeigt: Eine lineare Customer-Journey ist selten. Und das müssen auch Brands verstehen, um individuelle Content-Anpassungen vorzunehmen und auch die thematischen Inhalte klar zu gliedern und zu präsentieren. Marken, die sich diesen individuellen Steps bewusst sind, sind erfolgreicher als Marken, die der linearen Customer-Journey folgen (Abb. 4.9). Anhand von Tracking-Tools kann die Reise durchs Web gemessen und nachverfolgt werden. Dies ist für eine zielgerichtete Content-Optimierung notwendig und unerlässlich.

4 Definition des optimalen Content-Fokus 59

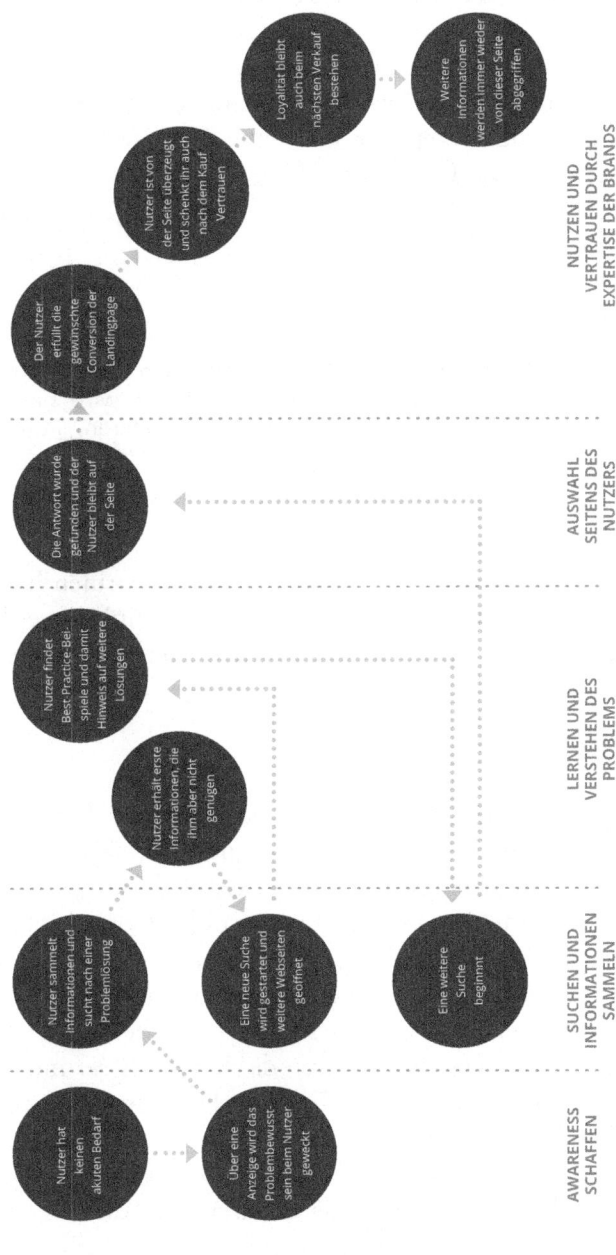

Abb. 4.9 Die „echte" Customer-Journey. (Quelle: eigene Darstellung)

4.4 Die Aufgaben des Contents

Welcher Content muss nun an welchem Punkt der Customer-Journey den Usern bereitstehen? Das lässt sich anhand eines Content-Funnels gut erklären: Bei jedem Step der Customer-Journey werden Trigger-Events integriert, um den User auf der Seite zu halten. Soll der User von externen Webseiten auf die eigene Landingpage gezogen werden, müssen hier die Trigger eingebaut werden.

> **Definition Trigger-Event**
>
> Ein Trigger-Event ist ein Ereignis, das beim Kunden das Bewusstsein schafft, ein bestimmtes Produkt zu benötigen. Meist wird das durch gezielte Werbung ausgelöst und beeinflusst. In anderen Situationen hat selbst der Marketer keinen Einfluss darauf, z. B. Schäden am Auto, Krankheiten etc.

Ein solcher Content-Funnel kann unterschiedliche Formen haben und muss von jedem Webseiten-Betreiber individuell definiert werden. Ein Beispiel, wie der Funnel aussehen kann, wird in Abb. 4.10 dargestellt:

4.4.1 FISH-Modell

Mirko Lange hat das FISH-Modell (Lange 2015) ins Leben gerufen, womit durch sinnvolle Content-Ausrichtung der Nutzen für das Unternehmen hervorgehoben werden soll (Abb. 4.11). Hierzu zählen beispielsweise konkrete Leads oder umsatzstarke Conversions. Dabei ist es wichtig, Vermischungen der Content-Formate zu vermeiden. Die Marke möchte mit den zu erstellenden Inhalten entweder Leads generieren, Conversions erzielen oder Vertrauen aufbauen. Alle Ziele auf eine Landingpage zu packen ist sinnfrei, da dies den User nur verwirrt. Die Aufgaben der unterschiedlichen Content-Formate gehen also Hand in Hand – überschneiden sich jedoch nie.

Eine Landingpage, die ausschließlich zur Lead-Generierung erstellt wird, sollte deshalb kurz und knackig erklären, was die User erhalten, wenn sie zum Beispiel ihre E-Mail-Adresse nennen. Geht es um ein

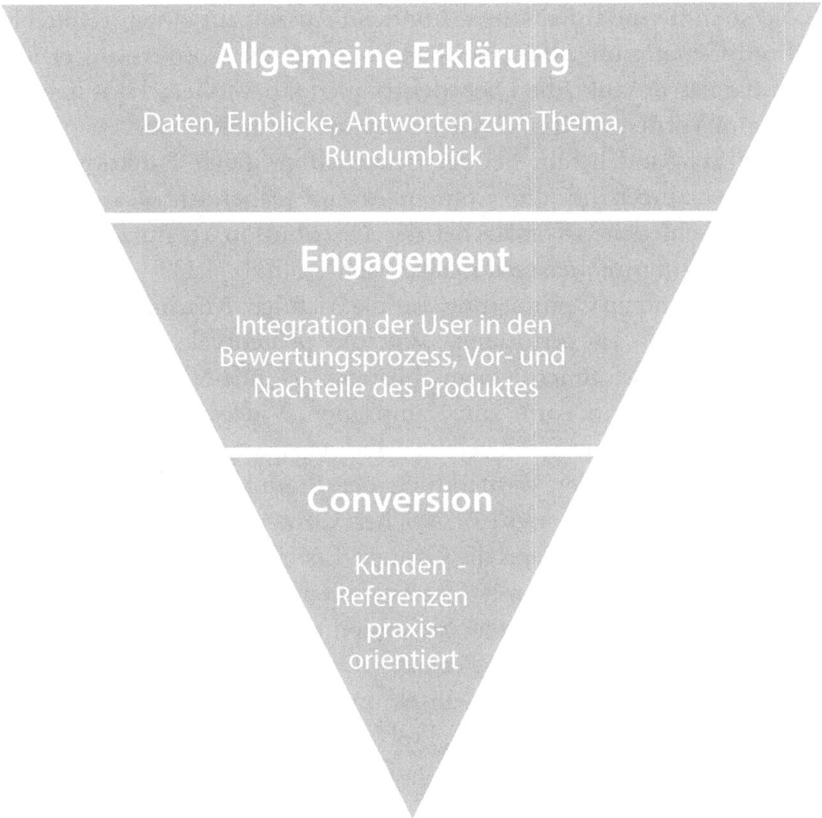

4 Definition des optimalen Content-Fokus

Allgemeine Erklärung
Daten, Einblicke, Antworten zum Thema, Rundumblick

Engagement
Integration der User in den Bewertungsprozess, Vor- und Nachteile des Produktes

Conversion
Kunden - Referenzen praxisorientiert

Abb. 4.10 Beispielhafte Darstellung des Content-Funnels für die SEO-Content-Erstellung. (Quelle: eigene Darstellung)

Abb. 4.11 Content-Typen im FISH-Modell. (Quelle: eigene Darstellung nach Lange 2015)

eBook, so hilft eine Inhaltsangabe und ein Auszug aus einem Kapitel bei der Lead-Generierung. Bei einer Landingpage, die Conversions erzielen soll, muss das Produkt/die Dienstleistung erklärt werden. Hier steht der Nutzen im Vordergrund und welche Features enthalten sind.

Das FISH-Modell hilft bei der Unterteilung dieser Funktionen und definiert entsprechend die Content-Arten. Dabei ist es auch wichtig, die verschiedenen Kanäle bei der Distribution zu nutzen und die Veröffentlichungsfrequenz daran auszurichten (Tab. 4.1).

Bei der Content-Optimierung ist die richtige Mischung ausschlaggebend, um gut zu performen. Wie die prozentuale Aufteilung der Formate erfolgt ist unternehmensabhängig. Online-Shops können mit Highlight-Content in Form von Kampagnen, Videos über die aktuellen Modetrends oder coole Scrollytelling-Landingpages punkten. Ebenso hilft Follow-Content bei der Vermarktung der Produkte des Online-Shops. Hier sollte differenziert werden, welcher Content für welches Produkt Sinn ergibt und entsprechend die Content-Erstellung verfolgt werden.

Anders verhält es sich mit Unternehmen, die spezifische Produkte oder Dienstleistungen anbieten. Sie sollten auf Inbound-Content setzen und damit die Probleme der Personen lösen. Auch Search- and Sales-Content ist hier ein profundes Mittel, um durch ausführliche, hilfreiche Informationen, den User bei der Problemlösung zu unterstützen. Gute Usability ist hier der Grundstein für zielgerichtete Conversions.

4.4.2 Inhaltliche Content-Ausrichtung

Während sich das FISH-Modell am Nutzen für das Unternehmen orientiert, bestimmt die inhaltliche Ausrichtung, welchen Nutzen der User aus dem Content zieht. Entsprechend sollten die passenden Content-Formate genutzt werden. Diese lassen sich in vier grundlegende Segmente einteilen: Information, Wissen, Stimulation, Sinngebung (Abb. 4.12). Diese Content-Arten werden in die Ebenen funktional-emotional und vordergründig-tiefgründig unterteilt. Emotionaler vs. funktionaler Content entscheidet, was die Inhalte beim Nutzer auslösen sollen: Sollen sie zum Nachdenken anregen und gewisse Werte vermitteln? Oder sollen sie ganz clean auf die wichtigsten Informationen hinweisen und Wissen vermitteln? Ebenso spielt

Tab. 4.1 Detailliertes FISH-Modell nach Mirko Lange. (Lange 2015)

Content-Typ	Content-Art	Ziele	Kanäle	Frequenz d. Veröffentlichung
Follow-Content	• Bilder • Micro-Content • Laufende Blogpostings • News • Curated-Content	• Nachhaltige Reichweite • Kontinuierlicher Kontakt zur Zielgruppe • Vertrauen und Nähe zum Unternehmen • Abonnement des Contents	• Laid-Back-Kanäle wie Facebook, Instagram, YouTube, Pinterest, Twitter etc • Magazine	• Regelmäßig • Hochfrequentiert • Nutzen ist vordergründig
Inbound-Content	• Studien • Whitepaper • eBooks • Webinare	• Konkrete Leads • Bearbeitung konkreter Probleme der Nutzer	• Eigene Landingpages • Gastbeiträge auf fremden, themenrelevanten Plattformen	• Hohe Qualität! • Veröffentlichung auf fremden Kanälen ist abhängig von den Ressourcen
Search- & Sales-Content	• SEO-Content • Informationsgetrieben • Listen • Übersichten • Vergleiche	• Informationsbedürfnisse erfüllen • Traffic erzeugen	Eigene Website, Landingpage etc.	• Sehr hohe Qualität! • Aktualität wahren • Stetige Erweiterung
Highlight-Content	• Viraler Content • Holistische Inhalte • Kampagnen • Scrollytelling • Multimediale Inhalte	• Autorität und Expertise • Unterstützung anderer Content-Arten • SEO-Ausrichtung • Emotionaler Nutzen	• Eigene Website • Neutrale Plattform – Verweis auf die eigene Website	• Extrem hohe Qualität! • Quantität zum Nachjustieren

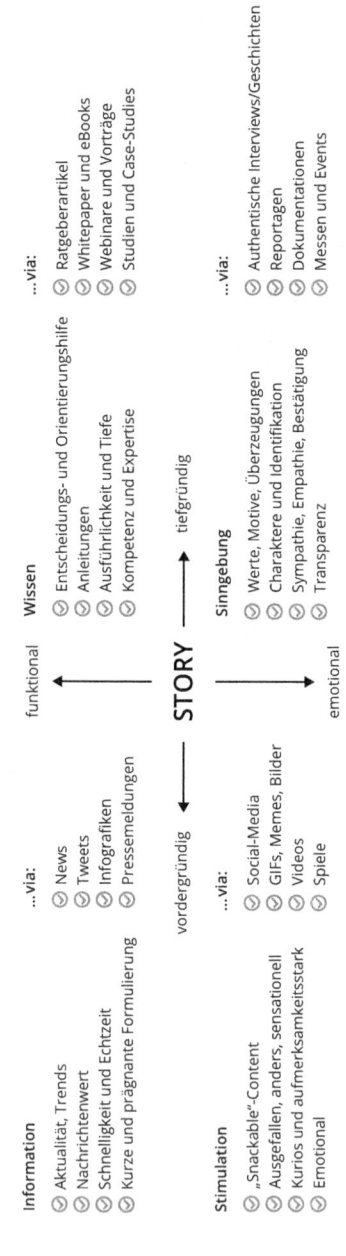

Abb. 4.12 Inhaltliche Ausrichtung des Contents und die dazu passenden Kanäle. (Quelle: eigene Darstellung)

es eine Rolle, wie lange sich der Nutzer Zeit nimmt, die Inhalte aufzunehmen. Bei vordergründigen Inhalten steht die reine Information im Vordergrund – schnell und knackig wird das Wichtigste vermittelt. Bei tiefgründigen Inhalten nimmt sich der User aktiv und bewusst Zeit für die Wissenssammlung und ist bereit, lange Inhalte zu konsumieren. Dieser Content ist sehr recherche-intensiv und sollte wirklich alles beinhalten, was den User interessieren könnte.

4.5 Wrap-Up: Wie hebe ich mich von klassischen Webtexten ab?

Ein häufiges Problem, das auch bis heute noch wesentlich unterschätzt wird, ist die mangelnde Interaktion mit dem Kunden in Online-Shops oder auf anderen Websites. Kommen Fragen auf, ist – anders als im Ladengeschäft – kein Ansprechpartner in Sicht, der mit seiner kompetenten Beratung weiterhelfen kann. Dieses Defizit gilt es, online auszugleichen, um wenig informierte und unentschlossene User zu überzeugen – und zwar in Form von informativem Content, der mehr zu bieten hat als klassische Webtexte auf Produkt- oder Kategorieseiten.

> Der Kunde kommt von sich aus, weil er etwas sucht. Das unterscheidet SEO und Content Marketing fundamental von der klassischen Werbung! (Köhne 2017).

Mithilfe transparenten Contents und spannenden Inhalten sollen die Nachteile klassischer Werbung ausgeglichen werden und das Informationsbedürfnis möglichst vieler Nutzer zufriedengestellt werden. An erster Stelle steht jedoch, dass der User auf die Inhalte aufmerksam werden muss. So zum Beispiel mit ansprechenden Überschriften, Kreativität oder Humor. Wichtig ist dabei, den richtigen Ton zu treffen, um der geforderten Zielgruppenansprache gerecht zu werden. Der inhaltliche Mehrwert – egal, ob Entertainment oder Information im Fokus stehen – muss jeweils an das gewünschte Publikum angepasst werden. Diese inhaltlichen Aspekte können im ersten Moment allerdings nicht überzeugen. Schließlich lesen wir nicht jede Artikel-Überschrift aufmerksam durch, wenn wir durch die Content-Vielfalt scrollen. Guter Content muss auf den ersten Blick überzeugen und das Scrollverhalten des Users im richtigen Moment stoppen. Hierfür ist ein ansprechendes Design gefragt, das ebenfalls dem Geschmack und den Erwartungen der Zielgruppe entsprechen muss.

> **Ihr Transfer in die Praxis**
> - Kennen Sie Ihre Zielgruppe?
> - Ist die definierte Zielgruppe noch aktuell? Müssen eventuell neue Zielgruppenanalysen durchgeführt werden?
> - Über welche Suchanfragen kommen die User auf Ihre Seite?
> - Erhalten die User die gewünschte Antwort bei ihrer Suche?
> - Wie sieht die Customer-Journey bei Ihrer Brand aus?
> - Hat jeder Content eine spezifische Aufgabe, die sich an der Customer-Journey ausrichtet?
> - Erhalten die Nutzer eine optimale Beratung?
> - Sind die Inhalte informativ und erfüllen sie den gewünschten Nutzen?

Literatur

Anthony, Tom. 2016. Revisiting „navigational", „informational", & „transactional" searches in a post-PageRank world. https://moz.com/blog/revisiting-navigational-informational-transactional-search-post-pagerank. Zugegriffen: 13. Mai 2018.

Köhne, Darja. 2017. *Content Marketing für Alle*. Eine fruchtbare Partnerschaft: SEO und Content Marketing, S.28. No. 2 Apr. 2017.

Lange, Mirko. 2015. Das FISH-Modell zur Ausrichtung von Content am Interesse. https://de.slideshare.net/talkabout/das-fishmodell-zur-ausrichtung-von-content-am-interesse. Zugegriffen: 12. Juni 2018.

SISTRIX. o. A. o. J. Google Core Algorithmus Update (Phantom Update). https://www.sistrix.de/frag-sistrix/google-algorithmus-aenderungen/google-core-algorithmus-update-phantom-update/. Zugegriffen: 11. Mai 2018.

Weiterführende Literatur

BDZW. o. J. o. A. E-Paper-Ausgaben deutscher Zeitungen. https://www.bdzv.de/maerkte-und-daten/digitales/e-paper/. Zugegriffen: 11. Mai 2018.

Statista. 2018. Entwicklung der verkauften Auflage der Wochenzeitungen in Deutschland in ausgewählten Jahren von 1975 bis 2017. https://de.statista.com/statistik/daten/studie/3747/umfrage/auflage-deutscher-wochenzeitungen-seit-1975/. Zugegriffen: 11. Mai 2018.

5

Der Weg zum perfekten Content

> **Was Sie aus diesem Kapitel mitnehmen – Sie erkennen**
> - Welche Strategie für Ihre Ziele die richtige ist.
> - Wie Audits bei der Content-Planung und -Umsetzung helfen.
> - Wie Sie Themenpotenziale aufdecken.
> - Welches Hintergrundwissen bei der Content-Erstellung beachtet werden muss.
> - Wie Sie den erstellten Content zielführend verbreiten.
> - Wie Sie die Auswirkungen Ihrer Inhalte messen und Optimierungsmaßnahmen davon ableiten.

5.1 Strategie

Content-Marketing ist viel mehr als nur „irgendwas mit Texten" und bedarf einer konsequenten Strategie, die allen weiteren Maßnahmen zugrunde liegt. Sie hilft dabei, vorhandene Potenziale, die andernfalls ungenutzt blieben, richtig umzusetzen und zur Verfügung stehende Ressourcen effektiv zu koordinieren. Der Content an sich muss dabei im Wesentlichen nicht nur auf die Zielgruppe ausgerichtet werden, sondern auch auf die entsprechenden Kanäle, die für die Kundenansprache genutzt werden sollen.

Eine vollständige und konsequente Content-Strategie zeichnet aus, dass sowohl die Planung als auch die Erstellung und Verbreitung des Contents aufeinander abgestimmt werden.

Hierfür sind zwei grundlegende Denkweisen erforderlich
1. Beziehen Sie alle beteiligten Abteilungen mit ein und nutzen Sie die entstehenden Synergie-Effekte!
2. Denken Sie kanalübergreifend und betrachten Sie den vollständigen Ablauf von der Strategieentwicklung bis zur Verbreitung und der langfristigen Content-Pflege!

5.1.1 Definition von Zielen

Die Basis der Strategieentwicklung ist die Definition von Zielen, die durch die Content-Marketing-Maßnahmen erreicht werden sollen. Denn nur durch eine eindeutige Zielsetzung werden Kampagnen-Erfolge messbar. Zudem schaffen sie einen Rahmen für die Definition einzelner Maßnahmen. Idealerweise werden die Ziele zusätzlich untergliedert in Primär- und Sekundärziele. Einige Beispiele, welche Wirkungsweisen Content generieren kann, wurden in Kap. 2 bereits anhand einiger Fallbeispiele erläutert. Wie diese Ziele anhand relevanter Metriken gemessen werden können, wird in Abschn. 5.7 genauer beschrieben.

> **Content-Marketing-Ziele im Überblick**
> - Brand-Awareness schaffen
> - Reichweite ausbauen
> - Social-Engagement fördern
> - Rankings verbessern
> - Natürliche Backlinks aufbauen
> - Expertise beweisen

Sind die Ziele definiert, muss im nächsten Schritt der Strategie-Entwicklung über die gewünschte Ausrichtung der Inhalte nachgedacht werden. Dabei unterscheiden wir im Folgenden nach der Ausrichtung auf den eCommerce-Bereich, die Generierung von Reichweite und Branding.

5.1.2 Ausrichtung auf eCommerce

Eine Content-Strategie auf den eCommerce auszurichten bedarf etwas Kreativität, viel Wissen über das Produkt und das Verständnis der Kundenbedürfnisse. Sogenannter eCommerce-Content stellt einen Kaufberater dar, der den Kundenberater ins Wohnzimmer bringt. Ziel ist es, durch die strategische Ausrichtung eine Marken- und Themenwelt rund um das Produkt aufzubauen. Dies kann zum einen durch User-Generated-Content erfolgen, zum Beispiel eine Instagram-Kampagne mit dem Namen „Zeige uns dein Wohnzimmer mit unserem Sofa". Aber auch Content, der vom Online-Shop selbst erstellt wird. Dabei sollten vor allem erklärungsbedürftige Produkte in den Vordergrund gestellt werden. Mithilfe von kreativem Storytelling (siehe Abschn. 5.5.3) und vielen rhetorischen Mitteln können beispielsweise der aromatische Duft von südamerikanischem Kaffee oder der süßherbe Geschmack italienischen Weins wunderbar beschrieben werden.

Wer als Unternehmen auch einen Online-Shop betreibt, sollte die eCommerce-Ausrichtung unbedingt in der Content-Strategie beachten. Entsprechend der Inhalte kann sie zudem mit der Ausrichtung „Reichweite" kombiniert werden.

5.1.3 Ausrichtung auf Reichweite

Die Reichweite ist eine Kontaktmesszahl und eines der Kernziele im Content-Marketing. Je nachdem in welchem Medium ein Unternehmen oder eine Marke aktiv ist, bezeichnet die Reichweite die Anzahl der Webseitenbesucher, Käufer, Leser, Zuschauer oder Hörer. Dabei ist grundsätzlich zwischen der Netto- und der Brutto-Reichweite zu unterscheiden. Die Netto-Reichweite beschreibt dabei die Anzahl der erreichten Einzelpersonen, während die Brutto-Reichweite die Anzahl der Einzelkontakte mit diesen Personen wertet.

> Generell gilt jedoch: Je mehr Zielpersonen erreicht werden und je häufiger eine Webseite besucht oder eine Facebook-Seite mit „Gefällt mir" markiert wird, desto höher die Reichweite und damit natürlich auch der Bekanntheitsgrad einer Marke.

Dabei zahlt es sich immer aus, Owned-, Earned-, Social- und Paid-Media zu vernetzen, um besonders viele Nutzer zu erreichen. Hierfür muss man die Zielgruppe gut kennen und die gewünschten Kanäle und Content-Formate zu nutzen wissen.

So können beispielsweise Fachartikel im firmeneigenen Blog effizient verbreitet werden, wenn
- der Blog und die abgebildeten Themen auf die Zielgruppe zugeschnitten sind,
- die Inhalte suchmaschinenoptimiert sind,
- die Veröffentlichungen über Social-Media von den Usern viral verbreitet werden
- oder bei Bedarf zusätzliche Postings als Werbung geschalten werden.

5.1.4 Ausrichtung auf Branding

Content, der den Zweck verfolgt, das Branding eines Unternehmens oder einer Marke zu beeinflussen, konzentriert sich auf Faktoren wie:

- Emotionalität
- Storytelling
- Seriosität
- Professionalität
- Glaubwürdigkeit

Diese sollen den Aufbau beziehungsweise die Schärfung eines gewünschten Images und die Bekanntheit einer Marke unterstützen. Selbstverständlich spielt hier der Faktor „Reichweite" eine wichtige Rolle – schließlich muss der Image-Content auch unter die Leute gebracht werden. Allerdings liegt der Fokus primär auf Branding-Maßnahmen, die sich bei der Content-Erstellung hinsichtlich Text teilweise von konkreten Maßnahmen der Suchmaschinenoptimierung für eine reichweitenstarke Verbreitung lösen. Es geht vielmehr um Emotionen, die entsprechend vermittelt werden müssen. So zum Beispiel über Image-Videos, hochwertige Bilder, interaktive Spiele oder ansprechende Infografiken.

Beispiele für Landingpage-Content, der lediglich aus Branding- und weniger aus Reichweiten-Sicht relevant ist, sind:

- Unternehmens-Philosophie
- Entstehungsgeschichte
- Vorstellung der einzelnen Abteilungen des Unternehmens
- Herkunft der Rohstoffe

Diese Inhalte vermitteln Werte, Emotionen und Einblicke in das Unternehmen, die den User zusätzlich zum eigenen Website-Angebot ansprechen und überzeugen sollen. Es handelt sich aber um keine Inhalte, nach denen ein User aktiv sucht und zu denen gezielt mehr Reichweite generiert werden sollte. Eine Investition in Paid-Content und Suchmaschinenwerbung zu beispielsweise der Unternehmensphilosophie ist demnach weniger sinnvoll. Vielmehr handelt es sich um Content, der vom User, wenn er bereits auf der Website gelandet ist, bei Interesse zusätzlich durchforstet werden kann und eine Basis für Weiterempfehlungen oder Sharings über Social-Media darstellt.

5.2 Audits

Der unumgängliche erste Schritt beim Aufdecken neuer Themenpotenziale und neuer Content-Ideen ist der Content-Audit. Leider wird dieser Schritt in vielen Fällen übersprungen, da fälschlicherweise angenommen wird, dass dadurch Zeit eingespart werden kann – und Zeit ist schließlich Geld. Diese Annahme hilft leider überhaupt nichts, wenn es um die Schaffung qualitativ hochwertigen Contents geht. Nehmen Sie sich also die Zeit und bewältigen Sie Ihre Content-Massen gründlich!

> **Definition Content-Audit**
>
> Der Begriff „Content-Audit" bezeichnet die Bestandsaufnahme aller Inhalte, die auf einer Webseite vorhanden sind. Er dient dazu, den bestehenden Content zu analysieren und herauszufinden, welche Themenbereiche bereits abgedeckt sind, welcher Content gut funktioniert oder welcher gar nicht erst geklickt wird.

In erster Linie wird bei einem Content-Audit neben dem reinen Bestand die Performance betrachtet. Die Qualität der einzelnen Inhalte spielt im ersten Schritt noch keine besonders große Rolle. Sie wird etwas später genauer untersucht, wenn es darum geht herauszufinden, warum ein bestimmter Inhalt nicht funktioniert. Schließlich muss ein nicht performanter Inhalt nicht automatisch von schlechter Qualität sein oder irrelevante Themen beinhalten. Möglicherweise ist der Content einfach nur sehr versteckt auf der Webseite eingebunden.

> **Wobei hilft mir ein Content-Audit?**
> - Bestandsaufnahme vorhandener Inhalte auf einer Webseite
> - Performance-Bewertung der Inhalte
> - Identifikation fehlender Inhalte
> - Entlarvung von Inhalten, die schlecht optimiert sind (z. B. hinsichtlich der Umsetzung des Meta-Titles- und der Meta-Description, H-Tags etc.)
> - Priorisierung von Inhalten, die überarbeitet werden müssen
> - Identifikation von Inhalten, die gelöscht werden können
> - Übersicht über die Linkstruktur relevanter Inhalte
> - Untersuchung des Navigations-Aufbaus der Webseite
> - Identifikation gut funktionierender Content-Formate

Ein Content-Audit lässt sich grob in drei Schritte unterteilen, die aufeinander aufbauen. Gestartet wird jeweils mit einem quantitativen Audit, der als Inventur aller Inhalte einer Website zu verstehen ist. Im Anschluss folgt der qualitative Content-Audit und die Analyse der Content-Qualität, um die rein quantitativen Analyseergebnisse umfassend bewerten zu können. Sind diese beiden ersten Schritte getan, folgt der Rolling-Content-Audit. Er sollte fortlaufend betrieben werden, um den inhaltlichen Bestand jederzeit zu kennen. Alle drei Schritte werden in den folgenden Abschnitten im Detail erklärt.

Schritt 1: Der quantitative Content-Audit
Beim quantitativen Content-Audit wird zunächst eine reine Bestandsaufnahme vorhandener Inhalte fokussiert. Die Qualität der einzelnen Content-Stücke spielt hierbei noch keine wesentliche Rolle. Vorerst werden alle Inhalte, wie Texte, Bilder, Videos, Infografiken und Co., in einer Liste gesammelt. So entsteht ein grober Gesamtüberblick und der aktuelle Bestand wird dargestellt. Neben den eigenen Inhalten sollten auch die Inhalte der Wettbewerber bekannt sein. Ein Abgleich mit dem existierenden Branchen-Content hilft dabei, Lücken auf der eigenen Website zu entlarven und Verbesserungspotenziale zu erkennen.

Folgende Kriterien und Arbeitsschritte sind für den quantitativen Content-Audit zu beachten und zu durchlaufen
- **Website-Crawl:** Hierfür eignet sich beispielsweise das Crawling-Tool Screaming Frog, um eine Übersicht aller Unterseiten (inkl. verschiedener Werte wie beispielsweise Meta-Title- und Meta-Descriptions) zu erhalten.
- **Export der Crawling-Daten:** Exportieren Sie Ihre Daten zum Beispiel in Form einer Excel-Tabelle. Mit der Filtereinstellung „HTML" können im Screaming Frog Bilddateien ausgeschlossen werden.
- **Definition relevanter Messwerte:** In diesem Arbeitsschritt wären beispielsweise Meta-Titles- und Meta-Description, H-Tags, Status-Codes oder die interne Linkstruktur denkbar. Die Auswahl der Kriterien variiert allerdings je nach Zielsetzung.
- **Themenclustering:** Bilden Sie Cluster und weisen Sie Unterseiten verschiedenen Themengebieten zu. In diesem Arbeitsschritt sollte sehr bedacht und gründlich vorgegangen werden. So entsteht eine ideale Basis, um in allen weiteren Schritten die Filterfunktion für die jeweiligen Themen zu nutzen.

Auf Basis der Analyse-Ergebnisse des quantitativen Audits lassen sich abschließend grobe Maßnahmen definieren: Content (1) behalten, (2) optimieren oder (3) löschen. Hierbei ist allerdings Vorsicht geboten.

Gerade bei der Maßnahme „Content löschen" sollte nicht zu voreilig gehandelt werden. Wie gesagt: Ein nicht performanter Content muss noch lange nicht von schlechter Qualität sein. Um für die grob vordefinierten Maßnahmen aus dem quantitativen Content-Audit fundiertere Bewertungen auslesen zu können, werden die Inhalte im nächsten Schritt dem qualitativen Content-Audit unterzogen.

Schritt 2: Der qualitative Content-Audit
Auf Basis der bereits vorhandenen Ergebnisse und datenbasierten Priorisierungen können die einzelnen Inhalte in Bezug auf ihre Qualität und Effektivität bewertet werden. Hierfür eignet sich beispielsweise das altbewährte Schulnotenprinzip.

Bewertet werden zum Beispiel folgende Kriterien:

- Ist der Content richtig?
- Ist der Content nützlich?
- Ist der Content professionell geschrieben?
- Ist der Content benutzerfreundlich?
- Ist der Content verständlich?
- Ist der Content aktuell?
- Ist der Content relevant für meine Zielgruppe?

Die Ergebnisse werden im Anschluss mit den Zwischenergebnissen des quantitativen Audits abgeglichen. Die bereits vordefinierten Maßnahmen werden entsprechend quantitativer als auch qualitativer Gesichtspunkten angepasst.

Sie lassen sich wie folgt grob definieren:

- **Content behalten,** wenn die bisher integrierten Inhalte in Ordnung sind und keine Anpassung benötigt wird.
- **Optimieren** (aktualisieren oder konsolidieren), wenn der Inhalt veraltet ist und ein Update benötigt wird oder beispielsweise identische Inhalte (z. B. auch in unterschiedlichen Formaten) vorliegen, die zusammengefügt werden sollten.
- **Löschen,** wenn der Content unnötig ist, keinen Traffic bringt und somit auf ihn verzichtet werden kann.

Schritt 3: Der Rolling-Content-Audit
Der Rolling-Content-Audit ist vielmehr ein fortlaufender Prozess als ein Einzelschritt. Im Idealfall wird ein regelmäßiger Audit durchgeführt, um den aktuellen Content-Bestand jederzeit zu kennen und auch kurzfristig entsprechende Maßnahmen definieren zu können. So wird ein effizienter Umgang mit den eigenen Inhalten möglich und erfolgsversprechende Ressourcen genutzt. In Kap. 6 werden hierzu konkrete Anwendungstipps geboten.

5.3 Recherchen

Auf Basis der Zieldefinition und Strategie-Ausrichtung als auch durch vorliegende Content-Audit-Ergebnisse kann im nächsten Schritt mit konkreten Recherchen begonnen werden. Bereits nach dem Content-Audit sind erste Lücken und Content-Potenziale zu erkennen, die eventuell bereits grobe Priorisierungen zulassen. Sie sind jedoch noch nicht ausreichend datenbasiert und im Detail recherchiert worden, um beispielsweise klare Briefings für Redaktion, Design oder weitere Content-Creator erstellen zu können. Welche Recherchen für die Definition erfolgsversprechender Maßnahmen angestellt werden sollten, wird in den folgenden Abschnitten dargestellt.

5.3.1 Technische Analysen

Um einen guten Eindruck über die Nutzung einer Webseite und den Erfolg der Inhalte zu erhalten, ist ein Blick in ein Webanalyse-Tool wie Google Analytics hilfreich. Voraussetzung für dessen Nutzung ist, dass ein Tracking-Tool auf der Webseite eingebunden ist. Dabei sind die Richtlinien, der im Mai 2018 in Kraft getretenen DSGVO (=Datenschutzgrundverordnung) zu berücksichtigen.

Interessante Daten-Analysen, die mit Google Analytics gemacht werden können, sind beispielsweise:

- Datenentwicklung über einen zeitlich definierten Verlauf
- Vergleich der Datenentwicklung im Vorjahr
- Betrachtung geeigneter Standardwerte zur Evaluierung der Inhalte

Bei der Beobachtung der Datenentwicklung muss zunächst ein repräsentativer Zeitraum gewählt werden, der je nach Branche und saisonalen Einflüssen variiert. Selbes gilt, wenn man die aktuelle Entwicklung in den Vergleich mit der Entwicklung des Vorjahres stellen möchte. Zudem müssen, abhängig der Ziele und definierten KPIs, geeignete Werte ausgewählt werden, die eine Evaluation der Inhalte ermöglichen.

Relevante Standardwerte aus Google Analytics sind beispielsweise:

- Seitenaufrufe
- Alle Einstiege
- Verweildauer
- Absprungrate

Bei den Einstiegen kann zwischen organischen Einstiegen und Zugriffen über die bezahlte Suche, Social-Media oder Verweise gefiltert werden. Es ist also möglich, zwischen solchen Besuchern, die über die organische Suche und ohne bezahlte Werbung auf eine Website gelangt sind, und solchen Besuchern, die über die sozialen Netzwerke oder Backlinks gekommen sind, zu differenzieren.

Zusätzlich können beispielsweise über die Google Search Console Daten zur Linkanalyse extrahiert werden, um einen besseren Überblick über die aktuell vorhandene Linkstruktur – sowohl extern als auch intern – zu erhalten. Denn auch daraus lassen sich relevante Maßnahmen generieren. Allerdings ist zu beachten, dass es sich bei der Search Console um historische Daten handelt.

Tool-Tipp

Weitere Tool-Empfehlungen für die Linkanalyse sind beispielsweise Majestic und ahrefs.

Generell ist bei den Analyse-Daten darauf zu achten, diese je nach Zielsetzung in Zusammenhang zu bringen und gemeinsam auszuwerten. So sind Bounce-Rates und die Aufenthaltsdauer maßgeblich vom User-Intent abhängig. Ein kurzer Aufenthalt kann demnach sowohl ein Indiz für Inhalte sein, die dem User-Bedürfnis nicht gerecht werden als auch dafür, dass der User sofort seine Antwort finden konnte, nach was er gesucht hat. Zwei grundverschiedene Möglichkeiten, die aufzeigen, wie wichtig die richtige Interpretation der Metriken ist.

Die technischen Analysen erlauben eine Identifikation vorhandener Themen und ganzer Themenbereiche, die bereits gute oder eben schlechte Ergebnisse geliefert haben. Zudem kann der ganze Aufbau einer Content-Struktur im Hintergrund betrachtet werden und so zum Beispiel das Vorhandensein relevanter interner und externer Linkstrukturen betrachtet und Lücken entlarvt werden. In Kap. 6 werden Optimierungsmaßnahmen im Detail erläutert, wenn es um vorhandenen Content geht, der ausbaufähig ist oder solchen, der seit längerem keine Erfolge bringt. Wie nun abgesehen von den reinen Daten, Themenpotenziale und -ideen recherchiert werden können, wird im nächsten Teilabschnitt erläutert.

5.3.2 Themenpotenziale aufdecken

Im Folgenden wird die Vorgehensweise zur Findung von Themenpotenzialen erläutert. Dabei ist zunächst zweitrangig, ob es sich um völlig neue oder bereits vorhandene Themen handelt. Schließlich müssen nicht nur Inhaltsideen für die Erstellung neuer Content-Stücke gesammelt werden, sondern auch für die, die nach einer Optimierung der Inhalte verlangen, um deren bisherige Erfolge zu steigern.

Um eine erste Basis für die Findung neuer Themen zu haben, sollten die gesamten Inhalte der eigenen Webseite bekannt sein und die relevantesten Wettbewerber-Seiten durchforstet werden. So entsteht bereits ein recht breit gefächertes Grundgerüst aus Themen, an dem man sich für die folgende Recherche entlanghangeln kann. Es gilt zwar, sich einen breiten Überblick zu verschaffen, jedoch sollten die

Themenideen entsprechend der datenbasierten Priorisierung behandelt werden. So banal es klingen mag: Ein einfaches Brainstorming kann an dieser Stelle sehr hilfreich sein. An welche Themen denke ich, wenn ich das bestehende Grundgerüst betrachte? Gibt es spezifische Unterthemen oder kreative Formatideen, die sich für eine Erweiterung anbieten? Wo kann, sollte und will ich anknüpfen? In diesem Schritt können alle möglichen Einfälle gesammelt werden und im Folgenden von Online- und Offline-Recherchen gestützt werden. Was kursiert zu diesen Themen im Netz oder in Zeitschriften und Fachbüchern? Welche Suchergebnisse liefert Google? Und welche Artikel sind auf Wikipedia zu meinem Themengebiet zu finden? Welche Seiten sind zu dem Thema auf Facebook zu finden und welchen Video-Content liefert mir YouTube?

Die gesammelten Brainstorming- und Recherche-Ergebnisse müssen natürlich auch den Interessen der User entsprechen. Im nächsten Schritt gilt es also, die Probleme, Fragen, Interessen und Bedürfnissen der Zielgruppe kennenzulernen und mit der Ideensammlung abzugleichen. Hierfür eignen sich W-Fragen-Tools, die Einblick in tatsächlich gestellte Fragen im Netz bieten und auch ähnliche Interessensgebiete vorschlagen. Aber auch die Analyse von relevanten Foren und Frageportalen kann aufschlussreich sein. In diesem Arbeitsschritt kommen häufig neue Ideen hinzu, um welche die bisherige Sammlung ergänzt werden sollte.

Ist die Schnittmenge aus eigenen Themenideen und den Interessen der User bekannt, so müssen die Themen mit Daten versehen werden. Wichtig ist natürlich nicht nur, ob ein Thema gesucht wird, sondern auch, wie häufig. Eine Analyse von Keywords und Suchanfragen ist daher ein unumgänglicher Schritt bei der Themenfindung. Im Keyword Planer von Google Analytics können über die Suche nach Keyword-Ideen ebenfalls weitere Anhaltspunkte für relevante Themen gefunden werden. Für die Keywordanalyse muss ums Eck gedacht werden und relevante W-Fragen und Themen in Form potenzieller Suchanfragen gebracht werden. So wird die W-Frage „wie mache ich meinen garten winterfest?" kaum Suchvolumen haben, da in das Google-Suchfeld wohl eher „garten winterfest machen" eingegeben wird. Es gilt also, die richtigen Formulierungen für eine W-Frage oder ein Themengebiet zu finden, um an realistische Suchvolumen zu kommen.

Die Keywordanalyse liefert nicht nur relevante Daten zum Suchvolumen und lässt demnach Potenziale erkennen. Sie liefert auch einen Anhaltspunkt, um das Wording eines Unternehmens oder einer Brand zu evaluieren und gegebenenfalls anzupassen. So hat beispielsweise das Keyword „müsli mit früchten" ein wesentlich höheres Suchvolumen als der gleichbedeutende Suchbegriff „müsli mit obst". Durch die Abfrage von Synonymen und Umschreibungen lassen sich Wege zur effizienten Keyword-Ausrichtung finden.

Bei der Keywordanalyse zählen das Suchvolumen, der vorhandene Wettbewerb und der aufzuwendende CPC (=Cost-per-Click) zu den relevanten Standardwerten. Das Suchvolumen beschreibt dabei die durchschnittlichen Suchanfragen pro Monat für ein Keyword. Der in Prozent angegebene Wettbewerbs-Wert gibt an, wie umkämpft das Keyword in der Suchmaschinenwerbung ist, oder: Wie viele Wettbewerber buchen diesen Suchbegriff ein, um dazu gefunden zu werden? Der Klickpreis (=CPC) steht für den Preis, der für einen Klick zu erwarten ist und ist vorwiegend für Marketer aus dem Bereich der bezahlten Suchmaschinenwerbung relevant. Sollen organische Optimierungsmaßnahmen durch guten Content bewirkt werden, so können CPC und Wettbewerb dennoch als Anhaltspunkte genutzt werden. Sie geben beispielsweise Auskunft darüber, wie leicht es ist auf die jeweiligen Begriffe zu optimieren. Demnach kann es durchaus Sinn ergeben auf suchvolumen-schwächere Begriffe zu optimieren, bei denen die Konkurrenzsituation nicht so groß ist.

> **Tipp 1**
> Konzentrieren Sie sich daher bei der Auswertung einer Keywordanalyse in erster Linie auf das Suchvolumen und lesen Sie daraus das Interesse der Zielgruppe ab.

> **Tipp 2**
>
> Im Rahmen einer Keywordanalyse lassen sich die wichtigsten Keywords und relevantesten Themen für ein Unternehmen und eine Website definieren. Erstellt man aus diesen Ergebnissen eine Liste, so lässt sich diese gegen die erstellte Content-Audit-Liste (aus Abschn. 5.2) legen. Mit diesem Vorgehen lassen sich Lücken identifizieren, zu denen Inhalte fehlen. Auf Basis der vorhandenen Daten ist deren Projektierung umzusetzen und zu priorisieren.

Ein weiterer wichtiger Anhaltspunkt für die Entlarvung von Themenpotenzialen ist die Betrachtung der aktuellen Rankings einer Webseite. Hierfür eignet sich beispielsweise das SEO-Tool SISTRIX, in dem bei der Daten-Auswertung einer Domain nach Keywords gefiltert werden kann, um aktuelle Rankings angezeigt zu bekommen (Abb. 5.1). Es wird eine Liste ausgegeben, die anzeigt, welche URLs der Domain mit welchem Keyword auf welcher Position (1–100) in den Google-SERPs angezeigt wird.

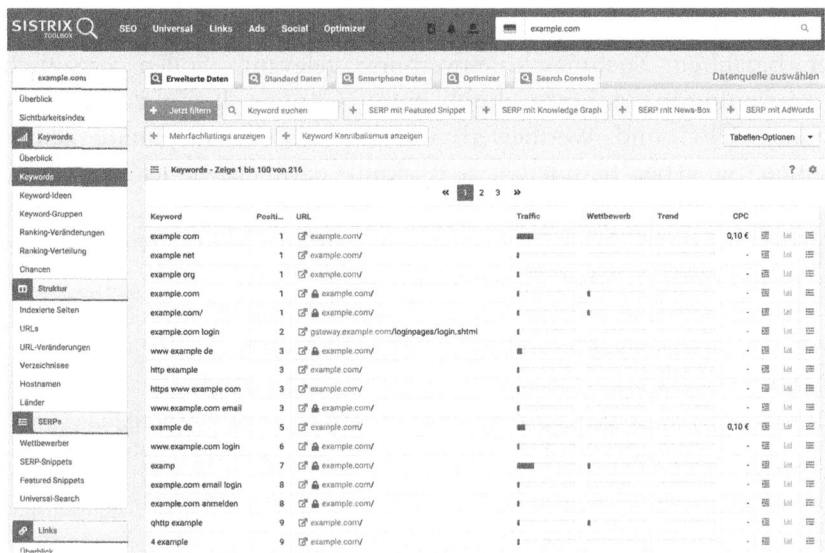

Abb. 5.1 So sieht die Übersicht der aktuellen Rankings einer Webseite aus. (Quelle: SISTRIX)

Ist in dieser Liste ein suchvolumenstarkes Thema noch nicht zu finden, so ist dies ein Indiz für ein klares Themenpotenzial, das auf der Website abgebildet werden sollte. Ähnliches gilt, wenn ein zielgruppenrelevantes Thema nur auf irrelevanten SERP-Positionen zu finden ist. Dann gilt es, die vorhandenen Inhalte zu optimieren, um das vorhandene Potenzial auszunutzen und die Erfolge zu steigern. Was bei der Optimierung bestehenden Contents zu beachten ist, wird in Kap. 6 dargestellt.

Recherche nach Themenpotenzialen in 7 Schritten
1. Online-Recherche: Google oder Wikipedia
2. Offline-Recherche: Zeitschriften oder Fachbücher
3. Wettbewerber-Recherche
4. Interessen der User
5. Forenanalyse und Frageportale
6. Keyword-Analyse
7. Aktuelle Rankings

5.3.3 Von der Recherche zur Struktur für neuen Content

Aus den fundierten Recherche-Arbeiten ist eine Struktur für den neuen Content zu bilden. Hierfür eignet sich das Heranziehen von beispielsweise zwei verlässlichen Quellen zu dem relevanten Thema. Die Quellen sollten das Thema bereits sehr umfangreich und fundiert beleuchten. Basierend auf den zugrunde liegenden Inhalten kann so eine erste Struktur für den neuen Content entworfen werden.

Wichtige Elemente sind dabei unter anderem:

- Kerninhalte
- Spezifische Informationen
- Relevante Fragestellungen der Zielgruppe

Ist der erste Struktur-Entwurf definiert, so kann auf Basis dessen der benötigte Input festgelegt werden. In einer Excel-Tabelle wurden alle Recherche-Ergebnisse zusammengefasst – allerdings noch sehr unübersichtlich. Im ersten Schritt sollten Sie die Themen und Terme ordnen. Fassen Sie dafür ähnliche Begriffe zusammen und geben Sie dieser Gruppe einen Namen. Bei einem Text über die Fellpflege von Haustieren kann so zum Beispiel ein Cluster zum Thema „tierhaare und mensch" mit Begriffen wie „fusselbürste", „klamotten", „haare auf kleidung" etc. und eines zum Thema „tierhaare wohnung" mit Begriffen wie „tierhaare sofa", „entfernung tierhaare stoff" etc. erstellt werden.

Diese Cluster-Bildung ist zudem eine Vorarbeit für das spätere Briefing der Texter (siehe Abschn. 5.4.2). Sie können sich an den Begrifflichkeiten orientieren und wissen sofort, welche Inhalte unbedingt abgedeckt werden müssen. Gleichzeitig können Sie anhand der W-Fragen kombiniert mit Begrifflichkeiten erste Vorschläge für Überschriften erstellen.

Vielleicht sind auch einige Themen relevant, jedoch sind kurze Stichpunkte ausreichend, um das Thema abzudecken. Auch das kann konkret benannt werden. Gleiches gilt für spannende Daten und Fakten, die ausschließlich als Infografik aufbereitet werden sollten, ohne jegliche Texterstellung.

> **Tipp zur Struktur-Erstellung**
> Die Struktur ist weder im Erstentwurf noch im weiteren Verlauf fixiert und starr. Dessen sollten Sie sich zu jeder Zeit bewusst sein. Darüber hinaus sollten Sie zu jedem Zeitpunkt für unerwarteten Input und zusätzliche Ideen empfänglich sein. Je mehr Sie sich auf neue Aspekte einlassen, desto höher ist die Chance, dass der neue Content besonders vielschichtig, umfassend und zielgruppenrelevant wird.

Tool-Empfehlungen für technische Analysen und Themenrecherchen
- Google Analytics
- Google Search Console
- Majestic
- ahrefs
- SISTRIX
- ubersuggest

- hypersuggest
- Termlabs
- AnswerThePublic

5.4 Planung für effizienten Content

Die Strategie ist definiert und die Ausrichtung, was der Content erreichen soll, steht fest. Nun geht es an die Umsetzung, die auf Basis einer umfassenden Planung erfolgt. Dabei muss detailliert und Schritt für Schritt vorgegangen werden, um Chaos bei der Zusammenarbeit zu verhindern. Bei der Content-Erstellung beteiligen sich nicht nur Online-Redakteure und Content-Marketers. Auch Designer, Entwickler und Techniker besitzen eine wichtige Rolle bei der Umsetzung.

Damit jeder Verantwortliche den gleichen Wissensstand mitbringt und bei der Umsetzung genau weiß, was zu tun ist, ist Transparenz notwendig. Es muss also so gearbeitet werden, dass sämtliche Briefings für jeden zugänglich sind. Auch der Redaktionsplan sollte zumindest für jeden sichtbar sein – wer Änderungen vornimmt, muss individuell entschieden werden.

Dieses Kapitel zeigt die Notwendigkeit der detaillierten Content-Planung auf und beschreibt, welche Briefings und Guidelines benötigt werden.

5.4.1 Aussagekräftiger Redaktionsplan und Briefings

Jede beteiligte Person muss auf demselben Level sein und den aktuellen Status der Content-Erstellung kennen. Um dies zu ermöglichen ist ein Redaktionsplan notwendig, der alle relevanten Punkte zusammenfasst.

Zum Redaktionsplan gehören
- Platzierung/Ebene in der Navigation
- Thema
- Keywords (primär und sekundär)
- Status des Beitrags

- Deadlines
- Content-Arten (Produktseite, Kategorieseite, Blogbeitrag, News etc.)
- Verantwortlicher
- URL
- Kommentare
- Distributions-Kanäle
- Besondere Anforderungen an den Content
- Hinweise zum Inhalt

Besonders wichtig sind die „Hinweise zum Inhalt". Hier sollten Informationen, die vom Kunden vorab erhalten wurden, hinterlegt, aber auch erste Recherche-Informationen genannt werden. Außerdem können erste Gliederungspunkte verfasst werden, die den Redakteuren bei der Texterstellung helfen (Abb. 5.2).

Der aktuelle Status der Texte zeigt den Verantwortlichen sofort, wie weit die Umsetzung abgeschlossen ist. Je nachdem, wie viele Korrekturschleifen im Vornherein besprochen wurden, kann der Status sehr detailliert oder eher oberflächlich gegliedert werden. Ist es genug, dass jeder weiß, ob der Content „in Bearbeitung" oder „final" ist, sind diese Punkte natürlich ausreichend. Durchläuft der Content jedoch

Redaktionsplan für Ratgeber-Bereich

Domain: http://www.beispiel.de/ Datum: 03.05.2018 Bearbeiter:

Themenbereich	Contentformat	Artikel	pot. Suchanfragen	Inhaltsideen	Kommentar	Status	Deadline	Zuständigkeiten	Recherchequellen	Bildmaterial	Distributionskanäle
Thema 1	SEO-Text	Subthema 1	Primär-KW: Sekundär-KW:			online	10.05.18				
Thema 2	Checkliste	Subthema 2.1	Primär-KW: Sekundär-KW:		kein Suchvolumen, aber Relevanz für User	offen	22.05.18				
	SEO-Text	Subthema 2.2	Primär-KW: Sekundär-KW:		evtl. zusammenfassen, um Überschneidungen zu vermeiden	in Bearbeitung	03.06.18				
	SEO-Text	Subthema 2.3	Primär-KW: Sekundär-KW:								
Thema 3	Infografik	Subthema 3.1	Primär-KW: Sekundär-KW:		Potenzial: Verlinkungen zu Produkten	in Bearbeitung	17.06.18				
	Ratgeber	Subthema 3.2	Primär-KW: Sekundär-KW:		Verweis zu Thema "XY"	offen	03.07.18				
	Landingpage	Subthema 3.3	Primär-KW: Sekundär-KW:			online	23.04.18				

Abb. 5.2 So könnte ein Themenplan aussehen, der die wichtigen Punkte beinhaltet. (Quelle: eigene Darstellung)

mehrere Stationen, sollten auch diese im Redaktionsplan hinterlegt werden: Einmal als Liste, wer den Content wann erhält, und einmal als Farblegende, um übersichtlich den Status aufzuzeigen.
Eine detaillierte Status-Abgrenzung könnte wie folgt aussehen:

- In Bearbeitung von XY
- Verfasst von XY
- 1. Korrektur bei XY
- Überarbeitung von XY
- 2. Korrektur bei XY
- Finalisierung von XY
- Freigabe von XY
- Online
- Probleme bei der CMS-Integration

Mit dieser Legende ist sofort ersichtlich, wie weit die Umsetzung des Contents bereits fortgeschritten ist. Mithilfe einer festgesetzten Deadline kann der Status mit der Anforderung abgeglichen werden.

> **Tipp zur Deadline**
> Hierbei handelt es sich um die Deadline der Finalisierung beziehungsweise CMS-Integration. Am besten wird diese eine Woche vor der eigentlich benötigten Finalisierung festgesetzt. So wird ein Puffer integriert und mögliche Änderungen stressfrei vorgenommen werden.

Wurde der Redaktionsplan erstellt, muss dieser auch gepflegt werden. Bestenfalls erhalten nur die ersten Verantwortlichkeiten einen Bearbeitungszugriff. Für Personen, die ausschließlich informationshalber auf den Plan zugreifen müssen, ist ein Lesezugriff ausreichend (zum Beispiel für Kunden). Grundsätzlich sollte eine Person definiert werden, welche die Schirmherrschaft über die Pflege des Redaktionsplans hat. Zudem hilft ein Verantwortlicher pro beteiligte Abteilung bei der regelmäßigen Pflege und der Aktualität.

5.4.2 Strenge Guidelines für die Umsetzung

Ein gutes Briefing bestimmt die Freiheit der Redakteure bei der Content-Erstellung. Das klingt zunächst widersprüchlich, ist aber ein wichtiger Leitsatz für die Erstellung der Guidelines und Briefings. Wie oft hören Redakteure „Du weißt schon, was das Richtige ist"? Im ersten Moment klingt das auch nach künstlerischer Freiheit und der perfekten Basis für die Texterstellung. Allerdings kann wohl jeder Redakteur behaupten: Je freier das Briefing ist, desto schwieriger ist die Texterstellung. Oft ist unklar, wo man mit dem Schreiben beginnt, die Recherchen werden erneut aufgenommen und laufen im schlimmsten Fall in eine völlig falsche Richtung.

Deshalb sollte ohne ein Briefing-Gespräch, an dem alle beteiligten Personen teilhaben, kein Content erstellt werden! Mit Flipcharts und Whiteboards können sowohl der Rahmen als auch die Anforderungen für den Content aktiv abgesteckt werden. Dazu gehört vor allem der Aufbau der Webseite, wo der zukünftige Content zu finden sein wird – ein Briefing-Konzept. Das Konzept stellt als Skizze die Webseite dar. So ist einerseits schnell ersichtlich, wo Text platziert werden kann und auch die Textlänge kann entsprechend abgesteckt werden. Mit dieser Orientierungshilfe ist schnell klar, ob die Recherchen in die Tiefe gehen müssen oder ob eine übersichtliche Zusammenstellung der wichtigsten Inhalte ausreichend ist.

Wenn die Maße der Webseite bereits bekannt sind, unter anderem auch die mögliche Länge der Überschriften und Textblöcke, sollte auch dies im Briefing hinterlegt werden. Diese Aufgabe liegt bei den Designern und Entwicklern und spart gegebenenfalls einen Arbeitsschritt beziehungsweise eine Korrekturschleife, um Überschriften und Texte in die entsprechende Länge zu kürzen.

Bei der Briefing-Erstellung sollte geklärt werden, wer das Briefing benötigt. Handelt es sich um einen SEO-optimierten Text, muss geklärt werden, ob der Redakteur bereits Erfahrungen im SEO hat. Fehlen diese, müssen die wichtigsten Punkte in einem separaten Briefing sichergestellt werden. Hier kann man sich an den klassischen SEO-Onpage-Faktoren, die in Abschn. 5.5.4 genannt werden, orientieren. Je nachdem, wie viel Erfahrung vorhanden ist, muss das Briefing kürzer oder ausführlicher sein. Auch die Content-Art und das -Format entscheiden über die enthaltenen Informationen des Briefings. Diese Varianzen müssen entsprechend aufgegriffen werden, zum Beispiel:

- Produktseiten benötigen USPs
- Ein Ratgeber legt Wert auf holistische Inhalte
- Eine SEA-Landingpage möchte Conversions erzielen
- Eine Shop-Kategorie stellt die Produktkategorien beratend in den Mittelpunkt
- Ein How-to muss schnell und einfach zu lesen sein
- FAQs beantworten die Kundenfragen kurz und knackig

Alle Briefing-Inhalte sollten bereits in den vorangehenden Punkten definiert worden sein, damit das Briefing ausschließlich als Zusammenfassung dient und in kurzer Zeit erstellt ist.

Folgende Informationen dürfen in keinem Briefing fehlen
- Thema
- Textformat
- Keywords (primär und sekundär)
- Textlänge der Abschnitte
- Textstruktur
- Tonalität
- Interne Verlinkungen
- USPs
- Deadline
- Wording

Als Zusatz können Screenshots integriert werden, die den Sachverhalt verdeutlichen und ebenfalls als gutes beziehungsweise schlechtes Beispiel dienen können.

Ebenso wichtig wie das Briefing sind auch die Styleguides, welche die sprachlichen Faktoren berücksichtigen. Ein sehr schönes Beispiel hierzu bietet die britische Tageszeitung The Guardian (The Guardian o. J.). Seit Beginn des 20. Jahrhunderts wird dieser Styleguide von Lesern und Mitarbeitern gestaltet und stetig erweitert. Sämtliche Formulierungen und Schreibweisen werden hier festgelegt, um Unsicherheiten bei den Redakteuren zu vermeiden. Jeder Webseiten-Betreiber sollte sich an diesem Beispiel orientieren, um einen ebenso ausführlichen Styleguide zu erstellen. Hilfreich sind auch kurze Erklärungen zu spezifischen Fachtermini, die ausschließlich im eigenen Unternehmen gebraucht werden. Man kann einen solchen Guide auch als Lexikon sehen und technische Begriffe kurz und kompakt erklären. Dies hilft auch neuen Mitarbeitern, die sich in das neue Thema einarbeiten müssen, schnell Fuß zu fassen und effizient zu schreiben.

Ein ebenso wichtiges Element des Styleguides sind No-Gos und Please-Dos. Oftmals gibt es Formulierungen, die ein Unternehmen nicht treffend genug bezeichnen. Vielleicht gefallen auch bestimmte Worte nicht und der Redakteur sollte diese auf der Website besser nicht nutzen. Am besten werden solche Themen schlicht in einer alphabetisch-geordneten Liste zusammengefasst und für alle zugänglich gemacht. Wenn es sich um No-Gos handelt, können gleichzeitig Verbesserungsvorschläge hinterlegt werden.

5.5 Effiziente Content-Erstellung für lang anhaltende Erfolge

Lapidar gesagt: Jeder kann Texte schreiben. Ob diese jedoch Sinn ergeben, die Zielvorgabe erfüllen und tatsächlich nützlich sind, ist eine andere Frage. Vor allem in der Online-Welt, in der Texte am laufenden Band produziert und veröffentlicht werden, ist es oftmals sehr schwer, die wahren Qualitäten zu erkennen. Bei der Erstellung von Web-Texten gilt „Qualität vor Quantität".

Dabei gelten drei grundlegende Regeln, an die vor jeder Texterstellung gedacht werden sollte
1. SEO bereits bei der Texterstellung beachten!
2. Reden ist Silber, Schweigen ist Gold! Wenn es nichts (mehr) zu sagen gibt, sollte der Text nicht unnötig aufgebläht werden.
3. Lieber eine Korrekturschleife mehr drehen als Content zu veröffentlichen, der mit Fehlern übersät ist.

Im Folgenden soll neben den Grundlagen der Content-Erstellung auch das „Wie" der Content-Erstellung erläutert werden. Wie können Sie mit Texten Interessenten von Ihnen und Ihrem Unternehmen/Service/Produkt überzeugen? Wie werden Texte anhand klassischer SEO-Onpage-Faktoren verfasst? Wie verläuft die Qualitätsprüfung des Contents?

5.5.1 Basics der Texterstellung

Bei effizienter und erfolgreicher Texterstellung ist es wie mit dem kleinen Einmaleins. Für die ständige Arbeit mit Texten müssen die Basics sitzen – und zwar perfekt. Nur so können die Webseiten mit hochwertigen Inhalten befüllt und User mit den nötigen Informationen versorgt werden. Zur Texterstellung gehört nämlich nicht nur der Text selbst. Auch das Außengerüst gehört dazu, um der Suchmaschine das Lesen zu erleichtern.

5.5.1.1 Webtext-Arten, die jeder kennen sollte

Unterschiedliche Ziele erfordern entsprechenden individuellen Content. Wie es auch im Printbereich unterschiedliche Textsorten gibt – Zeitungsartikel, Glosse, Kolumne, Bericht, Pressemeldung etc. – gibt es auch in der Online-Welt verschiedene Webtext-Typen, die bekannt sein sollten. Im Folgenden ist daher eine kurze Aufgliederung der verschiedenen Textarten zu sehen:

Landingpage
Eine Landingpage ist eine Webseite, auf die ein potenzieller Kunde über die Suchmaschine oder eine (Werbe-)Anzeige geleitet wird. Das Ziel mit dieser Webseite ist es, Vertrauen aufzubauen und den User zu einer gezielten Aktion zu bewegen. Daher sollte der Text umfangreicher gehalten werden und ein sachlicher Schreibstil vorliegen.

Kategorietext
Im Online-Shop ist ein Kategorietext eine überblickshafte, allgemein gehaltene Beschreibung einer Produktkategorie. Diese ist meist unterhalb der Produkte zu finden. Der Text soll eine Auswahlhilfe darstellen und die Fach-Beratung vor Ort im Laden ersetzen. Je umfangreicher dieser Text gestaltet ist, desto höher ist die Chance, eine Conversion erzeugen zu können.

Produkttext
Der Produkttext liefert eine konkrete, detaillierte Beschreibung von Produkten. Hier sollten alle USPs, die das Produkt einzigartig machen, genannt und hervorgehoben werden. Die Beschreibung ist eher kurz- und knappgehalten, mit Stichpunkten versetzt. Auch weitere Content-Formate wie Bilder und Videos, die das Produkt vorführen, sind aussagekräftige Elemente.

Ratgeber-/Magazintext
Website-Betreiber, die einen Ratgeber zur Verfügung stellen, sollten diesen mit wissenswerten Tipps, Ideen und Ratschlägen anreichern. Das Ziel ist es, Unterhaltung und Information zu kombinieren. Erfolge sind: Marken-Awareness, Reichweite, Lead-Generierung, Traffic-Steigerung und Kundengewinnung. Ratgeber-/Magazintexte sind die perfekten Content-Marketing-Texte, die häufig umfangreicher gestaltet und mit vielen verschiedenen Content-Formaten angereichert werden.

Blogartikel
Blogartikel und Ratgeber- oder Magazintexte werden häufig gleichgesetzt. Ein Blogartikel ist jedoch viel frischer, spontaner, direkter, subjektiver und persönlicher. Welche Content-Formate hier verwendet

werden ist der Gestaltungsfreiheit des Erstellers überlassen. Mit frecher Schreibart können Blogger und Unternehmen eine hohe Reichweite und vor allem Aufmerksamkeit erlangen.

FAQs: Frequently-Asked-Questions
FAQs sind präzise, prägnant formulierte Antworten auf (potenzielle) Fragen der User. Um diese zu erstellen, lohnt sich ein Blick in die Bewertungen und Rezensionen des Produktes. Der Stil der Antworten orientiert sich an der Zielgruppe, um mögliche Problemstellungen einfach und konkret zu beantworten. Hierbei lohnt sich auch eine Suchmaschinenoptimierung beziehungsweise die Optimierung für Featured-Snippets. So wird mithilfe der User die Relevanz und Autorität der eigenen Webseite erhöht.

5.5.1.2 Semantische Auszeichnungen

Auch als Semantic-Markup oder strukturierte Daten bezeichnet helfen diese Meta-Angaben bei der Auszeichnung von HTML-Content. Suchmaschinen arbeiten textbasiert. Durch die ständigen Updates (Panda-Update im Speziellen) der Algorithmen werden die Suchanfragen immer besser verstanden und auch die semantischen Beziehungen erkannt. Mithilfe der semantischen Auszeichnungen können die Suchmaschinen die Inhalte besser verstehen, ordnen und klassifizieren. Im Umkehrschluss bedeutet dies bessere Suchergebnisse für die User, die deren User-Intent genau entsprechen.

Durch den Einsatz der semantischen Auszeichnungen können auch die Rich-Snippets beeinflusst werden, um dadurch die Klickrate erhöhen zu können. Über die Website schema.org werden Standards für das Semantic-Markup vorgegeben, die nur noch ausgefüllt und im HTML-Code integriert werden. Hier sind die unterschiedlichen Kategorien, die einzufügenden Inhalte und Erklärungen zu den Entitäten zu finden. Entsprechend der Content-Art können die Auszeichnungen erstellt werden. Für Ratgeber oder News-Portale sind Auszeichnungen wie „author", „headline", „article", „about", „date" etc. sinnvoll. Auch Bewertungen können hinterlegt werden, um im Suchergebnis angezeigt zu werden (Abb. 5.3).

dateline	Text	A dateline is a brief piece of text included in news articles that describes where and when the story was written or filed though the date is often omitted. Sometimes only a placename is provided.
articleBody	Text	The actual body of the article.
wordCount	Integer	The number of words in the text of the Article.
about	Thing	The subject matter of the content.
headline	Text	Headline of the article.
author	Organization or Person	The author of this content or rating. Please note that author is special in that HTML 5 provides a special mechanism for indicating authorship via the rel tag. That is equivalent to this and may be used interchangeably.

Abb. 5.3 Beispiele für Semantic-Markups. (Quelle: http://schema.org/)

5.5.1.3 Strukturelemente

Headlines, die mit h-Tags ausgezeichnet werden, zeigen der Suchmaschine die Relevanz zu einem Thema. Aus diesem Grund darf niemals darauf verzichtet werden! Die h1-Überschrift ist die wichtigste und somit die Hauptüberschrift. Sie sollte zwingend entsprechend ausgezeichnet werden, damit die Suchmaschine und der Leser den thematischen Zusammenhang erkennt. Nun werden hierarchisch die weiteren Überschriften mit den Tags h2, h3, h4 etc. ausgezeichnet. Die Zwischenüberschriften leiten die einzelnen Absätze ein. Weitere Elemente, die ebenfalls durch HTML ausgezeichnet werden sollten, sind Bullet-Points, Aufzählungen, Tabellen, Bilder etc. Wie bei den semantischen Auszeichnungen kann mit diesen Inhalten ein perfektes Verständnis der Suchmaschine garantiert werden.

5.5.1.4 Keywords

Bei der suchmaschinenoptimierten Content-Erstellung spielen Keywords natürlich eine große Rolle. Wie bereits zu Beginn des Quick-Guides erklärt haben sich die Anforderungen an die Keyword-Nutzung in den letzten Jahren deutlich geändert. Bis 2014 wurde eine maximale Keyworddichte von 3,5 % pro Text definiert. In derartigen Fällen wurde das Keyword jedoch sehr unnatürlich und häufig verwendet, was als Keyword-Spamming deklariert wurde.

Heute gilt es, bei der Content-Erstellung auf diese Kriterien zu achten:

- Nützlich und informativ
- Wertvoll
- Glaubwürdig
- Hochwertig
- Ansprechend

> **Ergo**
> „Kreiere die beste Seite zu deinem Thema!"

Um die Keywords sinnvoll in den Text zu integrieren, ist in erster Linie auf die Lesbarkeit zu achten. Zudem sollte das Keyword in den Überschriften zu finden sein, um der Suchmaschine die Relevanz und die Themenzugehörigkeit zu vermitteln.

Generell sollte eine ausreichende Textmenge zur Verfügung gestellt werden. Eine grobe Wortzahl kann im Briefing angegeben werden. Wenn es zu einem Thema aber nichts mehr zu sagen gibt, sollte nicht zwingend nach Informationen gesucht werden, um den Inhalt zu strecken. Vielleicht helfen stattdessen auch Infografiken oder Bilder, um den Content anschaulich und informativ anzureichern.

5.5.1.5 Meta-Daten

Die Meta-Daten sind das Aushängeschild jeder Webseite und sollten aufmerksamkeitsstark und begeisternd gestaltet werden. So kann die Klickrate erhöht werden und in Zusammenhang mit einer gut optimierten Landingpage zu Conversions führen.

Sind die Meta-Daten nicht korrekt ausgezeichnet oder findet die Suchmaschine die Inhalte nicht passend zum Thema auf der Seite, werden Snippets automatisch generiert. Hierfür werden meist die ersten Sätze verwendet, die allerdings oft zu lang sind und somit innerhalb eines Satzes abgeschnitten werden, ergo: Kein Mehrwert für den Leser, kein Klickanreiz! Mehr zum Thema in Abschn. 5.5.4.

5.5.2 Psychologie bei der Content-Erstellung

Webseiten werden für die Leser, Nutzer, (potenzielle) Kunden, Interessierte und jede andere mögliche Zielgruppe erstellt. Es können jedoch auch klassische psychologische Faktoren bei der Content-Erstellung mitspielen, um die User so zu beeinflussen, damit die Wünsche des Website-Betreibers erfüllt werden.

Es gibt viele verschiedene Methoden, doch die folgenden vier sind vor allem für die Content-Erstellung äußerst relevant
1. **Social-Proof:** Website-Betreiber sollten sich so präsentieren, wie sie sind. Vor allem im Online-Shop zeichnet sich das durch gute Rezensionen aus. Dieser Social-Proof löst in Interessenten den sogenannten „Ich-auch"-Effekt aus. Ergo: „Wenn das Produkt so oft gekauft wird, muss es ja gut sein. Also kauf ich es auch!"
2. **Vertrauen ist das A und O:** Besitzt ein Unternehmen Qualitätszertifizierungen, sollte darauf deutlich hingewiesen werden. Geschieht dies in regelmäßigen Abständen, muss auch dies gezeigt werden, um Expertise und Autorität zu vermitteln. Besteht solch eine Auszeichnung (noch) nicht, sollte damit auch nicht geworben werden! (siehe Abschn. 2.2.1)
3. **Baader-Meinhof-Phänomen:** Dieses Phänomen definiert den subjektiven Eindruck, dass ein zunächst neu erscheinendes Thema plötzlich überall auftaucht. Im Alltag wird man mit Millionen Informationen überhäuft – unwichtigen Input filtert das Gehirn automatisch aus. Ein Beispiel: Man kauft sich ein cooles Shirt und denkt, dass man der Erste sei, der diesen Look trägt. Plötzlich fällt jedoch auf, dass es bereits jeder trägt. Aus subjektiver Sicht wird man mit dem neuen Shirt innerhalb kürzester Zeit überhäuft. Durch Customer-Journey-Tracking kann gezielt angesetzt werden, um an einem bestimmten Punkt der Customer-Journey den User immer wieder mit „neuen" Informationen zu konfrontieren.
4. **Mix der Emotionen:** Guter Content weckt die Emotionen der Leser. Damit klar ist, welche Emotionen ein Produkt oder eine Dienstleistung beim Leser auslöst, muss die Psyche der Zielgruppe

betrachtet werden. Handelt es sich zum Beispiel um ausgeglichene Charaktere, sehnen sie sich nach Sicherheit, Ruhe und Harmonie. Content, der Gefahr oder Unsicherheit hervorruft, wäre hier fehl am Platz.

> **Tipp**
> Durch eine gezielte Sprache können User positiv beeinflusst und vor allem motiviert werden. Der große Unterschied zu früheren Marketing-Maßnahmen: Während damals die User in eine Richtung gedrängt wurden, ist heute vor allem eine gute Führung des Users notwendig. So lautet die Frage nicht mehr „Was braucht der User?", sondern „Was erwartet der User?", „Welche Absichten hat er?". Diese Fragen sind die Grundlage der User-Psychology.

Als Website-Betreiber weiß man natürlich, welche Leistungen verkauft werden sollen. Die User wissen das jedoch nicht. Also müssen diese Informationen genannt und dargestellt werden, um die unterschiedlichen Rezeptionsprofile zu erfüllen.

Diese definieren den Adressaten noch einmal genauer und werden in vier Kategorien unterteilt
1. **Der Realist:** Er erkennt die Manipulationstechniken und benötigt tiefgründige Geschichten, die ihm einen Mehrwert bieten.
2. **Der Passive:** Er benötigt eine lineare Aufarbeitung der Geschichten, wie es beim klassischen Storytelling der Fall ist.
3. **Der Extrovertierte:** Er benötigt neues Wissen, um sich damit profilieren zu können.
4. **Der Spieler:** Er möchte Teil der Geschichte werden und sich durch eigene Kreativität an der Entwicklung beteiligen.

Bei der Content-Erstellung sollte bei der Wort- und Sprachwahl also stets auch auf die psychologischen Fundamente gesetzt werden, um unterbewusste Emotionen auszulösen und Entscheidungen zu beeinflussen. Wichtig dabei ist: Niemals aufdringlich sein und Natürlichkeit herrschen lassen!

5.5.3 Storytelling und Emotion

Geschichten sind seit Jahrtausenden ein wichtiger Bestandteil unseres Alltags. Gute-Nacht-Geschichten ließen uns als Kinder in die Traumwelt gleiten, Sagen und Legenden erzählen von Helden und erfolgreichen Menschen, die sich einer Herausforderung gestellt haben – die einen erfolgreicher, die anderen weniger erfolgreich. Geschichten helfen uns, uns mit unseren Mitmenschen zu verbinden und ihnen Moral und Ethik mit auf den Weg zu geben. Dieses Geschichtenerzählen – Storytelling – gilt es, auch im Content-Marketing durchzuführen, um die Leser und potenzielle Kunden in den Bann zu ziehen. Sie sollen von etwas überzeugt werden, vielleicht sogar eins mit dem Dienstleister werden.

Aus diesem Grund ist Storytelling ein hilfreiches Mittel, um sukzessive Erfolge zu erzielen. Dabei kann die Brand-Story erzählt werden, aber auch die Geschichte eines Produktes. War es ein strapaziöser Weg, um das Produkt zu launchen? Welche Herausforderungen mussten die Unternehmensgründer bewältigen, um nun den Erfolg zu feiern? All diese Inhalte helfen, den Content lebendig zu gestalten und die Vorstellungskraft des Lesers anzuregen. Dabei beginnt es bereits in der Überschrift. Wird einfach nur der Produktname genannt, wirkt dies 0815 und langweilig. Wird er jedoch mit ansprechenden Adjektiven aufgewertet und Unterzeilen als kurze Beschreibung hinzugenommen, erhalten die Leser bereits einen ersten Eindruck vom Produkt und können ihre Vorstellungskraft walten lassen.

Wie also kann Storytelling erfolgreich in die Content-Produktion einfließen? Zunächst einmal: Beginnen Sie mit dem „Warum"! Simon Sinek hielt einen TED-Talk (Sinek 2009) mit dem Titel „How great leaders inspire actions". Dabei stellt er den „Goldenen Kreis" vor (Abb. 5.4). Viele Unternehmen wissen, WIE sie etwas tun und vor allem WAS sie tun. Die Frage nach dem „Warum" bleibt jedoch meist auf der Stelle.

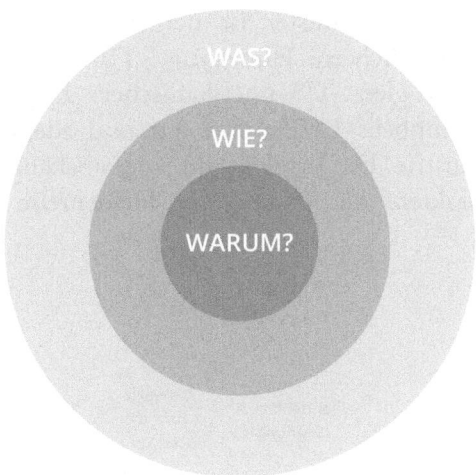

Abb. 5.4 Goldener Kreis. (Quelle: eigene Darstellung nach Sinek 2009)

- **Frage:** Warum gibt es TED-Talks?
  - **Antwort:** Spreading Ideas.
- **Frage:** Warum kaufen so viele Menschen überteuerte Apple-Produkte?
  - **Antwort:** Weil sie daran glauben, damit anders zu sein und die einfache Bedienbarkeit gepaart mit dem schönen Design zu schätzen wissen.
- **Frage:** Warum sollten Sie sich eine Creme von L'Oréal kaufen?
  - **Antwort:** Weil Sie es sich wert sind.

Die Glaubwürdigkeit eines Unternehmens hängt von der Antwort auf die Frage nach dem „Warum" ab. Kann die Frage mit einer klaren Vision beantwortet werden, mit der sich die Kunden identifizieren, können Erfolge erzielt werden.

Ein weiteres Element des Geschichtenerzählens ist die Heldenreise. Joseph Campbell war ein US-amerikanischer Professor und Autor und beschäftigte sich mit den Mythen der Naturvölker. Bei seinen Forschungen fiel ihm auf, dass alle Geschichten einem bestimmten Muster folgen, die immer wiederkehrende Charaktere beinhalten

(Abb. 5.5). Dieses Grundmuster ist der Ausgangspunkt für all die Geschichten, die in Büchern, Filmen und TV-Serien präsentiert werden. Christoph Vogler, US-amerikanischer Drehbuchautor und Publizist, griff Campbells Heldenreise auf und adaptierte sie für die Unterhaltungsindustrie. Die Erfolge sind jedem bekannt: Disney-Filme, deren Hauptcharaktere die Phasen der Heldenreise in jedem Film durchlaufen.

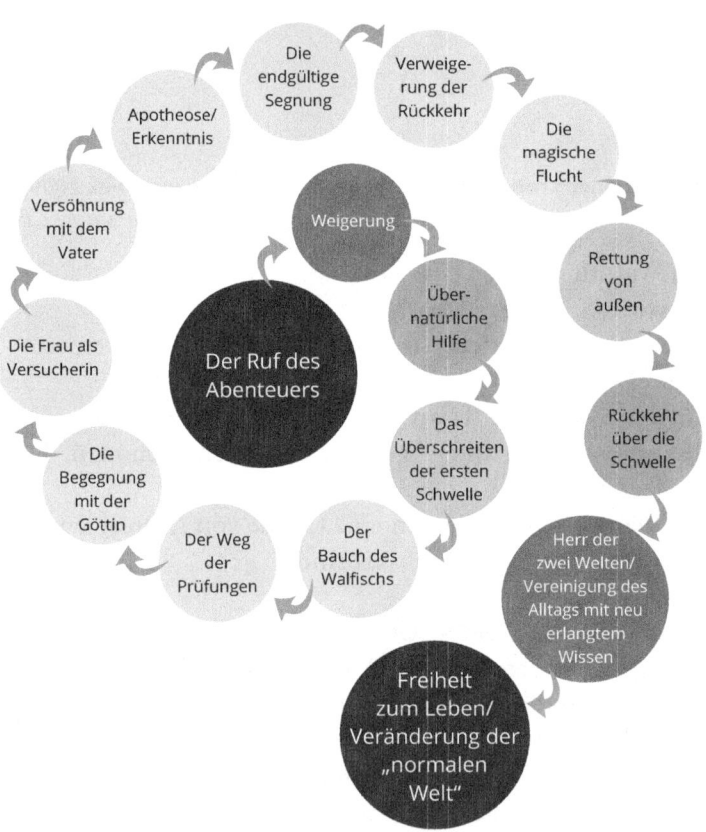

Abb. 5.5 Campbells Heldenreise. (Quelle: eigene Darstellung nach Campbell 1973)

5 Der Weg zum perfekten Content

Für das Storytelling bei der Content-Erstellung fürs Web kann die Heldenreise deutlich gekürzt werden. Das Storytelling beginnt damit, den Leser dort abzuholen, wo sein Mangel auftritt und endet mit einer Belohnung – dem Produkt, der Dienstleistung etc. Die mythischen Elemente, die in Campbells Heldenreise vorkommen, sollten beim Verfassen der Texte eher als Metapher gesehen werden und nicht wörtlich. Die verkürzte Heldenreise, die fürs Storytelling angewandt werden kann, sieht wie folgt aus (Abb. 5.6).

Das Ziel von Storytelling ist es, durch Metaphern und Bilder komplexe Informationen zu veranschaulichen und zu erklären.

Abb. 5.6 Die verkürzte Heldenreise fürs Storytelling. (Quelle: eigene Darstellung)

Dabei können verschiedene Arten des Storytellings herangezogen werden, um die Informationen zu vermitteln

1. **Klassisches Storytelling:** Wie bei einem Märchen wird die Geschichte linear aufgearbeitet und von Anfang bis Ende erzählt. Wer auf Nummer sicher gehen möchte, schafft damit eine solide Basis, die nach und nach erweitert und variiert werden kann.
2. **Scrollytelling:** In Büchern wird geblättert, im Web gescrollt. Hier geht es um eine Landingpage, die ihre Geschichte Stück für Stück aufbaut. Durch visuelle Übergänge wird durch die einzelnen Kapitel geleitet. Ein Beispiel von Scrollytelling ist die Website von Josh Worth „If the Moon Were Only 1 Pixel" (Worth o. J.). Aus Neugierde gestartet, wurde das Projekt 2014 mit dem Webby Award for Science Websites geehrt. Josh Worth hat auf einer Landingpage maßstabsgetreu das Universum nachgestellt – je länger man scrollt, desto länger reist man durchs All – sehr lang.
3. **Visual-Storytelling:** Social-Media ohne Bilder ist unvorstellbar geworden. Mit Videos, Bildern und Illustrationen können Emotionen geschaffen und die Zielgruppe zum Nachdenken angeregt werden. Das beste Beispiel ist wohl die #heimkommen-Werbekampagne von EDEKA (siehe Abschn. 2.1.2).
4. **Transmedia-Storytelling:** Die Zielgruppe ist überall zu finden. Deshalb sollte auch auf den unterschiedlichsten Kanälen Aufmerksamkeit erzeugt werden – Bildposts, Videos, Zitate und viele weitere Formate können so Ihre Geschichte erzählen!

Welche Art des Storytellings für das eigene Unternehmen am sinnvollsten ist, muss jeder selbst entscheiden. Hilfreich kann es auch sein, mit klassischen Geschichten eine solide Basis zu schaffen, die immer weiter ausgebaut wird.

5.5.4 Klassische SEO-Onpage-Faktoren

Wer Web-Content erstellt, schafft automatisch Inhalte für die Zielgruppe und die Suchmaschine. Aus diesem Grund sollten sogleich bei der Texterstellung auch die klassischen SEO-Onpage-Faktoren beachtet werden. Das spart bei der Qualitätsprüfung viel Zeit und kann mit ein wenig Übung von jedem erfahrenen Texter umgesetzt werden. Dabei ist es notwendig, den folgenden Faktoren die gleiche Aufmerksamkeit zu schenken wie dem eigentlichen Text. Auch die Qualität sollte dabei gleichermaßen beachtet werden, um langfristige Erfolge mit dem erstellten Content zu erhalten.

5.5.4.1 Snippets optimieren

Als Snippets sind die Auszüge einer Webseite in den Suchergebnissen zu verstehen. Diese sind unterteilt in Meta-Title und Meta-Description und sind das Aushängeschild jeder Webseite. Sie entscheiden darüber, ob das Suchergebnis geklickt und damit Traffic erzeugt wird. Folgende Faktoren spielen bei der Snippet-Optimierung eine tragende Rolle:

Meta-Title
- Hauptkeyword steht am Anfang
- Markenname steht am Ende und ist mit einem Gedankenstrich oder einem senkrechten Strich (|) abgetrennt
- Länge beträgt ca. 60 bis 65 Zeichen
- Verständliche Formulierung
- Individuelle Gestaltung für jede URL

Meta-Description
- Hauptkeyword so früh wie möglich nennen
- Nennung der Brand
- Individuelle Gestaltung für jede URL
- Ganze Sätze verwenden, die den Inhalt der Seite beschreiben
- Klickanreize schaffen
- Maximale Länge von ca. 150 bis 160 Zeichen beachten

> **Tipp**
>
> Damit die Suchergebnisse auch in den mobilen Suchergebnissen optimal angezeigt werden, sollten die wichtigsten Inhalte stets innerhalb der ersten 45 Zeichen des Meta-Titles und der ersten 100 Zeichen der Meta-Description zu finden sein.

Die Auszeichnung dieser Elemente ist unbedingt notwendig, um der Suchmaschine und dem Nutzer die Relevanz zu vermitteln. Werden die Metadaten nicht ausgezeichnet, setzt die Suchmaschine diese selbst zusammen. Vor allem bei der Description kann dies zu verminderter Qualität führen. Die Suchmaschine nutzt für die Gestaltung der Meta-Description meist die ersten Sätze der Webseite. Sind diese jedoch nicht relevant für den Nutzer erhält er unzureichende Informationen und der Klickanreiz geht verloren. Die Description wird ebenfalls automatisch generiert, wenn die Suchmaschine die ausgezeichnete Beschreibung als irrelevant ansieht.

> **Tool-Tipp**
>
> Kostenlose Online-Tools für die Snippet-Optimierung sind serpsimulator.de für die Desktop-Version der Snippets und mobileserps.com für die mobile Ansicht der Suchergebnisse.

5.5.4.2 URLs sprechend gestalten

Die Erstellung der URLs kann automatisch oder händisch erfolgen. Handelt es sich um einen großen Online-Shop mit tausenden URLs sollten diese besser automatisch generiert werden. Die Faktoren für gute URLs gelten hier ebenso wie für die manuelle Erstellung. Grundsätzlich sollten URLs sprechend und so kurz wie möglich gestaltet sein. Das bedeutet, dass sie keine Parameter oder kryptische Zeichen beinhalten – der User und die Suchmaschine sollten also über die URL erkennen, auf welcher Seite sie sich aktuell aufhalten. Wenn möglich, sollte die URL unabhängig von der Hauptüberschrift erstellt werden. Handelt es sich beispielsweise um einen News-Artikel, der jedes Jahr aktualisiert wird und sich dabei die Jahreszahl ändert, sollte die Jahreszahl in der URL nicht auftauchen. Dies erleichtert die Arbeit mit dem Artikel und die Überschrift kann nach Bedarf einfach angepasst werden.

5.5.4.3 Image alt-Tags befüllen

Mit dem alt-Tag kann zusätzlich Traffic über die Bildersuche oder die Universal-Search erzeugt werden. Um diese Chance zu erhöhen, sollte das Hauptkeyword im Bilddateinamen und im alt-Tag integriert werden. Der alt-Tag beschreibt in wenigen Worten, was auf dem Bild zu sehen ist. Dies erleichtert der Suchmaschine, den semantischen Zusammenhang zwischen Bild und Text zu erkennen. Ebenso wird dieser Inhalt ausgespielt, wenn das Bild einmal nicht geladen werden kann.

5.5.4.4 Korrekter Einsatz von h-Tags

Wie bereits in Abschn. 5.3.3 zum Thema „Strukturelemente" geschrieben, sollten die Überschriften korrekt ausgezeichnet werden. Die Headlines sind auffällige Strukturelemente, die der Suchmaschine die Relevanz zu einem Thema mitteilen. Pro URL sollte dabei nur eine h1-Überschrift vorhanden sein. Die weiteren Zwischenüberschriften werden hierarchisch in h2, h3, h4 etc. untergliedert. Die h1-Überschrift sollte unbedingt das Hauptkeyword beinhalten. Auch die weiteren Überschriften sollten Haupt- oder Sekundärkeywords beinhalten.

Eine beispielhafte Gliederung der Überschriften kann wie folgt aussehen
- h1
- Teaser
- h2 (Thema 1)
- h2 (Thema 2)
- h3 (Thema 2.1)
- h3 (Thema 2.2)
- h2 (Thema 3)
- h4 (Fazit)

5.5.4.5 Keywords integrieren

Zur Integration der Keywords wurde bereits viel gesagt, weshalb dieser Abschnitt ausschließlich zur Erinnerung dienen soll.

Keyword-Spamming gehört der Vergangenheit an! Heute sind informative Inhalte wichtiger denn je. Recherchen wie in Abschn. 5.3 beschrieben sind deshalb unabdingbar, um sämtliche Nutzerfragen beantworten zu können. Ebenso ist die inhaltliche Ausrichtung am User-Intent notwendig, um qualitativ hochwertige Inhalte zu schaffen.

> **Grundsätzlich gilt also**
> - Keywords unbedingt in den notwendigen Seitenelementen nutzen: Headline, Subheadline, Title, Description
> - Synonyme der Keywords nutzen, um ein semantisches Themenfeld zu schaffen
> - Keywords in einem natürlichen Sprachstil verwenden
> - Satzzeichen als Unterbrechung von Longtail-Keywords nutzen, um einen natürlichen Stil zu verfolgen

Beim SEO-optimierten Schreiben von Content gilt immer eins: „Verfasse den besten Text zu deinem Thema!" Die Relevanz und gute Rankings kommen am Ende fast von ganz alleine.

5.5.4.6 Interne Links setzen

Jeder interne Link ist für die Suchmaschine ein Hinweis auf weiteren relevanten Content. Dabei handelt es sich um Verweise zwischen Einzelseiten innerhalb einer Website. Deshalb sollten Webseiten textlich so aufgebaut sein, dass themenrelevante Seiten und Artikel intern verlinkt werden können. Je mehr interne Links eine Webseite erhält, umso größer ist ihre Bedeutung für Google. Link-Spamming sollte dabei jedoch vermieden werden. Das bedeutet, dass Links auf der Landingpage aufgeführt werden, die thematisch nichts mit der Seite zu tun haben. Diese Strategie kann von der Suchmaschine abgestraft werden und zu negativen Rankings führen. Wichtig ist auch, dass der Linktext immer das Hauptkeyword der verlinkten Seite enthält und in einem natürlichen Kontext steht.

> **Tipp**
>
> Recherchieren Sie bei der Content-Erstellung, ob bereits Landingpages zu diesem Thema bestehen. So können Sie die Themen der alten Landingpages auf der neuen Webseite aufgreifen und auf die alten Seiten verlinken.

Eine Möglichkeit, viele interne Links zu schaffen, ist, den Content in einem Rahmenartikel zu bündeln. Hierfür wird eine Landingpage erstellt, die das Hauptthema behandelt z. B. „Halloween". Neben einem einleitenden Teaser, der die grundlegenden Informationen zum Thema umfasst, können weitere Themenaspekte auf der Seite vorgestellt werden, z. B. Rezepte, Herkunft, Verkleidungen etc. (Abb. 5.7). Jedes dieser Themen erhält einen Abschnitt und einen kurzen Teaser mit Verlinkung auf die Haupt-Landingpage des Themas. So können holistische Themenhubs ganz einfach erstellt werden (Abb. 5.8).

5.5.4.7 Duplicate-Content vermeiden

Ein letzter relevanter Punkt bei der Content-Erstellung ist die Vermeidung von Duplicate-Content. Doppelte Inhalte sind für Google ein Zeichen von minderwertiger Qualität. Außerdem ist dadurch unklar, welche Ranking-Signale zu welcher URL gehören und ob vielleicht gar ein Betrugsversuch vorliegt. Weitere Folgen von Duplicate-Content können Indexierungsprobleme sein. Eventuell werden nicht alle relevanten Seiten in den Index aufgenommen, wodurch relevante Seiten gar nicht erst gecrawlt werden können. Dadurch wird das Crawl-Budget (siehe Kap. 6, SEO-Exkurs) unnötig belastet und vergeudet. Doch was eigentlich ist Duplicate-Content?

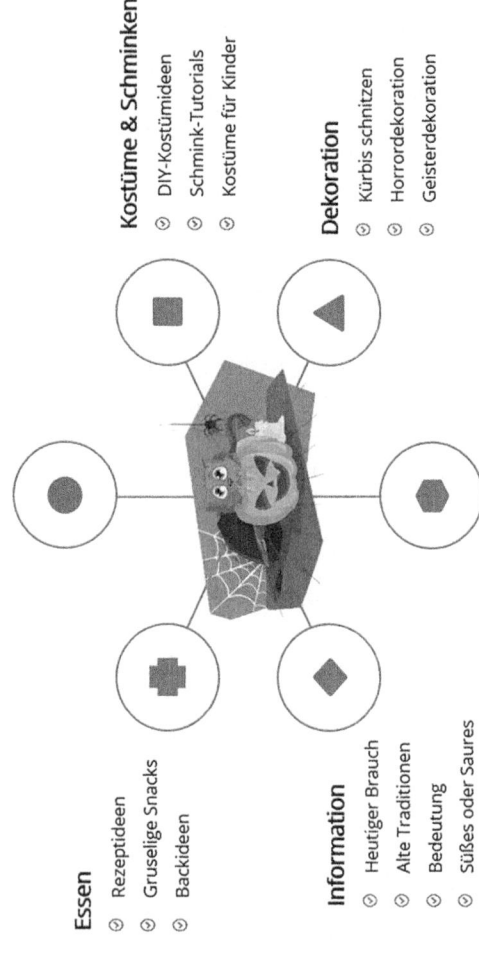

Abb. 5.7 Beispielhafter Themenhub für die Erstellung einer holistischen Landingpage. (Quelle: eigene Darstellung)

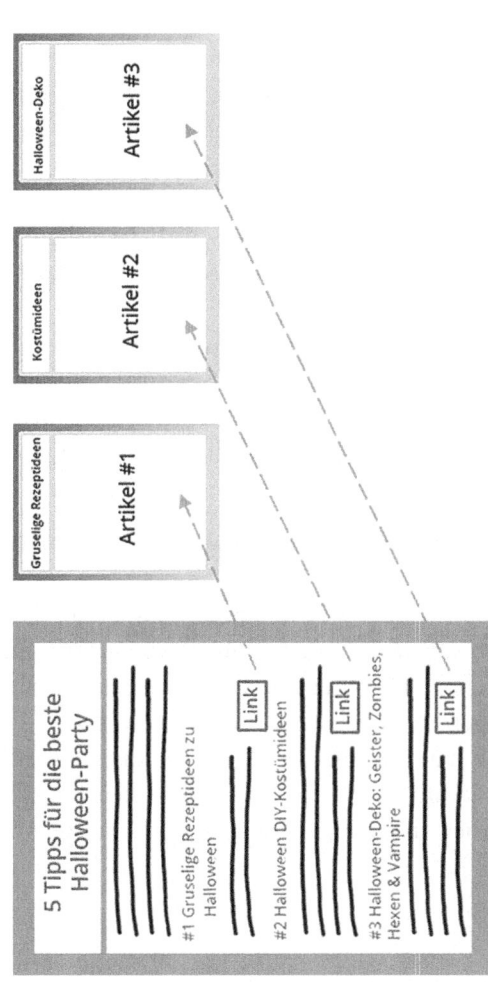

Abb. 5.8 Der Themenhub kann als übergeordnete Seite genutzt werden, von wo aus auf die Themenseiten verlinkt wird. (Quelle: eigene Darstellung)

Es wird zwischen 100-%-Duplicate-Content, internem und externem sowie Near-Duplicate-Content unterschieden
- **100-%-Duplicate-Content:** Hierbei handelt es sich um identische Inhalte, die auf zwei oder mehreren Webseiten/URLs vorhanden sind.
- **Interner Duplicate-Content:** Doppelte Inhalte beschränken sich auf die eigene Domain. Hierzu zählen bereits auch gleiche Absätze.
- **Externer Duplicate-Content:** Doppelte Inhalte beschränken sich auf externe Domains, z. B. Produktbeschreibungen, die vom Hersteller an die Vertriebler weitergegeben werden.
- **Near-Duplicate-Content:** Diese Inhalte bieten keinen Mehrwert für den Leser, da es sich um eine wortwörtliche Übersetzung, automatisierte Texterstellung oder das Kopieren von Text handelt.

Soll beim Content-Audit die Domain bereits auf doppelte Inhalte geprüft werden, eignet sich das Tool Screaming Frog. Über den sogenannten Hash können Inhalte, die zu 100 % gleich sind, identifiziert werden. Ist dies der Fall, sollten diese schnellstmöglich angepasst werden!

5.5.5 Qualitätsprüfung für hochwertigen Content

Als letzten Schritt der Content-Erstellung muss dieser eingehend auf die Qualität geprüft werden. Zum einen müssen orthografische und grammatikalische Fehler beachtet werden, aber auch die Kontrolle, ob die Anforderungen erfüllt wurden, ist notwendig. Um hier die Bearbeitung deutlich zu vereinfachen, gibt es unterschiedliche Tools, die bei der Qualitätsprüfung unterstützen. Vor allem zur Kontrolle der suchmaschinenoptimierten Ausrichtung des Textes sollte ein Tool zurate gezogen werden.

> **Tool-Tipp**
>
> Hierfür eignet sich die TF*IDF-Analyse der Tool-Anbieter Ryte und Termlabs; für die sprachliche Kontrolle sind die kostenlosen Tools Wortliga oder auch das Browser-Add-On für Firefox und Chrome LanguageTool äußerst hilfreich.

In diesem Kapitel sollen die unterschiedlichen Vorgehensweisen bei der Qualitätsprüfung vorgestellt werden. Dabei werden auch kurze Einblicke in die Tools gewährt, um richtige Analysen zu fahren.

Bei der Qualitätsprüfung von Content können drei Arten unterschieden werden
1. Ist das Thema bekannt?
2. Qualitätsprüfung neu erstellter Texte
3. Qualitätsprüfung bestehender Texte als Basis eines Optimierungskonzepts

5.5.5.1 TF*IDF-Analyse

Diese Art der Analyse wird vielfach genutzt und immer wieder vorgestellt. TF*IDF, in Deutschland häufig auch unter dem Begriff WDF*IDF bekannt, setzt sich aus zwei Teilbereichen zusammen:

TF: Term-Frequency beziehungsweise WDF: Within-Document-Frequency
Dieser Wert berechnet, wie häufig ein Term innerhalb eines Dokuments vorkommt. Dabei wird das Verhältnis zum relativen Vorkommen aller übrigen Terme eines Textes beziehungsweise einer Website gesetzt. So wird die häufige Verwendung eines Terms im Text vermieden und eine höhere Qualität kann erzeugt werden.

IDF: Inverse-Document-Frequency
Bei diesem Wert handelt es sich darum, wie viele Texte den Term im Verhältnis zu allen untersuchten Dokumenten enthalten. Hier geht es also um die Relevanz des Terms, bezogen auf das Thema. Ergo: Ein Term, der in wenigen Dokumenten häufig vorkommt, ist relevanter als ein Term, der in allen Dokumenten oder insgesamt nur sehr selten auftritt.

Beide Gewichtungen in Relation gesetzt ergeben die „relative Termgewichtung". Das bedeutet: Je häufiger ein Wort in Dokumenten vorkommt, die von Suchmaschinen als relevant definiert werden, desto wahrscheinlicher ist es, dass dieses Wort für das Thema von Relevanz ist. Ziel ist es also, der Suchmaschine die gewünschten Begriffe zu präsentieren und für den User ansprechend zu gestalten.

Das Tool kann vielseitig eingesetzt werden. Zum einen natürlich zur Prüfung von Texten hinsichtlich der Keyword-Ausrichtung. Zum anderen zur Identifizierung wichtiger Nebenbegriffe, die bei der Recherche vernachlässigt wurden. In diesem Fall sollte natürlich der rationale Menschenverstand gelten, um abzuwägen, welche Wörter tatsächlich auch mit dem Thema zu tun haben und wirklich genannt werden sollten. So können auch nachträglich weitere Themenfelder abgedeckt werden, um die Freshness der Landingpage zu garantieren oder das Thema zu erweitern.

> **Achtung**
>
> Sehen Sie dieses Tool ausschließlich als Unterstützung und zur Themenfindung weiterer relevanter Nebenbegriffe an. Das Tool ist nur eine Maschine, die nicht perfekt auf die Ansprüche ausgerichtet ist. Oftmals schleichen sich Begriffe ein, die für Ihren Themenbereich schlicht irrelevant sind, z. B. „Impressum", Jahreszahlen etc. Irrelevante Wörter sollten nicht integriert werden! Das merkt die Suchmaschine sofort und das Ranking Ihrer Landingpage kann sinken.

5.5.5.2 Qualitätsprüfung Step-by-Step

Niemand kennt sich mit allen Themen gleich gut aus. Vor allem, wenn man in einer Agentur arbeitet, kommen immer wieder neue Themen auf, mit denen man sich noch nie beschäftigt hat – vielleicht auch nie daran dachte, sich jemals damit zu beschäftigen. Soll also ein Text auf dessen SEO-Relevanz geprüft werden und die Thematik ist unbekannt, hilft eine erste neutrale Recherche. So erhält man einen eigenen Blick auf die Relevanz bestimmter Aspekte, die zum Thema genannt werden sollten. Vielleicht tauchen auch subjektive Fragestellungen auf, die subjektiv gesehen beantwortet werden sollten. Ein Abgleich mit den W-Fragen ist auch bei einem bekannten Thema sinnvoll, um schnell die Relevanz bestimmter Fragen zu erkennen. Die Ziele des Textes sollten auch bei der Recherche stets bekannt sein! Ebenso ist ein Abgleich mit dem Briefing notwendig.

Bei der Qualitätsprüfung gibt es ein Grundmuster, das verfolgt werden kann. Die Unterschiede liegen ausschließlich in der Vorbereitung – ist das Thema bekannt und handelt es sich um einen neuen oder bereits bestehenden Text, der optimiert werden soll. Hier die einzelnen Schritte im Überblick.

Neutrale Recherche zum Thema
Sollte das Thema unbekannt sein, ist dieser Punkt besonders wichtig. Sinnvoll ist es, zunächst die Suchmaschine zum Thema zu befragen und zu bewerten, was die Wettbewerber zum Thema schreiben beziehungsweise wie sie dieses aufbereiten. Auch W-Fragen-Tools sind hier hilfreich, um auf einen Blick die wichtigsten Nutzerfragen zu erhalten. Notizen helfen beim Abgleich mit dem Text – diese können später beim Korrekturlesen abgehakt werden. Auch ein Brainstorming zum Thema hilft. Welche Inhalte erwartet man vom Text? Welche Fragen sollen beantwortet werden?

Um bei der SEO-Prüfung des Textes nicht zu sehr vom TF*IDF-Tool abhängig zu sein und somit selbst entscheiden zu können, ob die vorgeschlagenen Begriffe relevant sind, ist dieser Punkt äußerst hilfreich. Diese Recherchearbeit sollte maximal eine halbe Stunde Zeit kosten, bestenfalls sogar nur 15 min.

Text lesen
Nach der Recherche geht es an den Text. Zunächst sollte dieser hinsichtlich sprachlicher und grammatikalischer Kriterien gelesen werden. Ist alles verständlich? Sind Tippfehler vorhanden? Passt die Grammatik? Diese Aspekte können direkt beim Lesen angepasst werden. Wenn die Zeit vorhanden ist, können die Punkte auch erst markiert werden und in einer separaten Leseschleife angepasst werden.

SEO-Prüfung
Wurde der Text hinsichtlich sprachlicher Aspekte optimiert, wird die SEO-Optimierung geprüft. Hierbei unterstützen die genannten Tools Ryte und Termlabs. Am Beispiel des Keywords „Freizeitparks" werden die Tools kurz vorgestellt (vgl. Abb. 5.9 und 5.10).

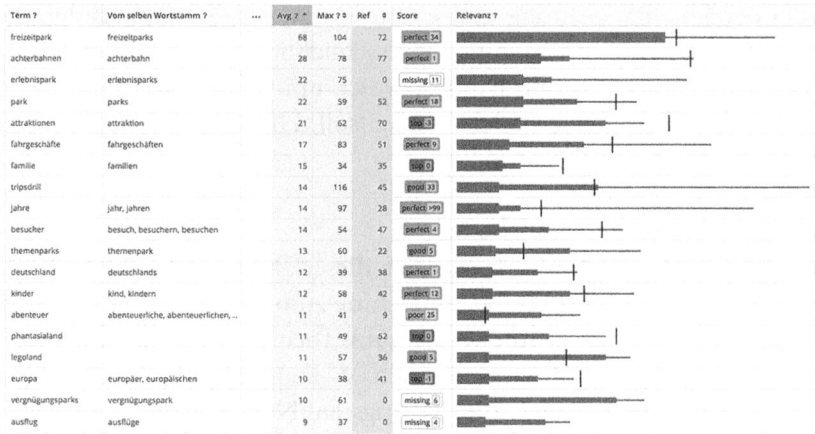

Abb. 5.9 TF*IDF-Analyse mit Termlabs. (Quelle: termlabs.io)

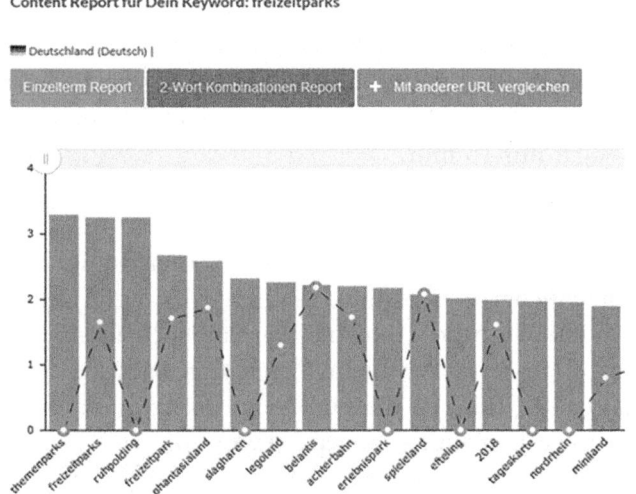

Abb. 5.10 TF*IDF-Analyse mit Ryte. (Quelle: ryte.com)

Die Grafiken zeigen, dass die untersuchte URL bereits gut auf das Keyword ausgerichtet ist. Laut Analyse von Termlabs könnten vor allem Synonyme von „Freizeitparks" zusätzlich integriert werden, z. B. „Erlebnispark", „Vergnügungspark", „Themenparks", „Fahrattraktionen". Aber auch „Gäste" ist ein sinnvoller Term, der genannt werden darf. Ryte setzt den Fokus der Relevanz etwas anders. Hier werden neben Synonymen für „Freizeitparks" noch weitere Freizeitparks vorgeschlagen.

Für die Prüfung können auch reine Text-Dokumente in die Tools eingefügt und optimiert werden.

Fehlen bestimmte Themen?
Die Tools geben vor, welche Wörter noch fehlen. Wie können diese nun integriert werden beziehungsweise sollten sie überhaupt im Text auftauchen? Das entscheidet der gesunde Menschenverstand.

Durch die Nutzung beider Tools sind die unterschiedlichen Ausrichtungen gut ersichtlich. Das Thema der untersuchten URL sind die schönsten Ferienparks Deutschlands. Die Analyse von Ryte zeigt neben deutschen Parks auch holländische Parks als wichtig an. Für unsere URL sind diese jedoch irrelevant. Der Freizeitpark Ruhpolding oder Seaworld wären jedoch ergänzenswert. In diesem Fall können hier also noch die Themen für zwei weitere Absätze definiert werden. Achtet man beim Schreiben auf die fehlenden Wörter aus Termlabs, ist die Anpassung perfekt!

Tipp
Damit in den zusätzlichen Abschnitten nicht ausschließlich die Begriffe „Erlebnispark", „Vergnügungspark" und „Gäste" vorkommen, sollten diese Wörter auch bei anderen Absätzen integriert werden. Ein paar kleine Wortspiele helfen bei der Integration.

5.5.5.3 Optimierungskonzept für bestehende Web-Texte

Wurde nach dem Content-Audit deutlich, dass bestehende Texte überarbeitet werden müssen, helfen die genannten Tools ebenfalls bei der Definition der Themenpotenziale. Prüfen Sie dazu die URL zunächst mit dem TF*IDF-Tool und fertigen Sie eine Liste mit den fehlenden Begriffen an. Diese Begriffe werden nun zu Themenclustern aufbereitet – so wird bereits eine Struktur für weitere Absätze vordefiniert und die Ergänzung des Textes fällt deutlich einfacher.

Neben dem Text per se sollte auch die strukturelle Ausrichtung geprüft werden. Hierfür hilft einerseits ein Blick in den Quellcode der Landingpage. Für die Kontrolle der Headlines kann über die Suchfunktion des Browsers der jeweilige Tag gesucht und geprüft werden, ob dieser vorhanden ist. Durch die Markierung der Überschrift auf der Page und dem Befehl „Element untersuchen" (rechte Maustaste), kann die Auszeichnung der Headline direkt geprüft werden. Eine weitere Möglichkeit bietet Termlabs. Hier wird die Headline-Struktur als Balken-Diagramm (Abb. 5.11) angezeigt.

Weitere Aspekte, die für das Optimierungskonzept sinnvoll sind
- Ist das Keyword in den Überschriften vorhanden?
- Ist das Keyword in den Metadaten vorhanden?
- Wird das Keyword und seine Synonyme im Text sinnvoll dargestellt?
- Sind interne Verlinkungen auf den Seiten?
- Ist der Text strukturell gut aufgebaut?
- Ist das aktuelle CMS bereit für Optimierungen?

Mit der Qualitätsprüfung ist die Content-Erstellung abgeschlossen. Nach der Freigabe der Inhalte müssen nun die geeigneten Verbreitungskanäle gefunden werden, um die Zielgruppe mit dem neuen Content in

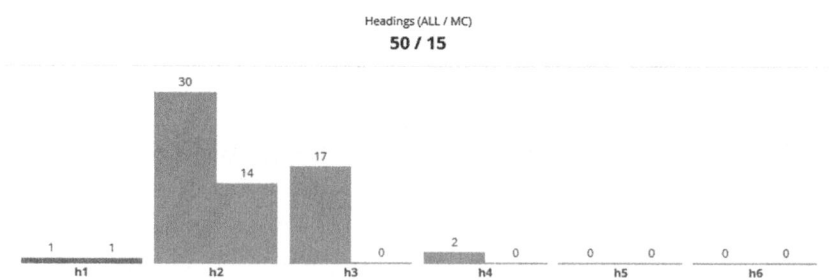

Abb. 5.11 Verteilung der Headlines als Balken-Diagramm. (Quelle: termlabs.io)

Kontakt zu bringen. Das folgende Kapitel liefert einen Überblick über die elementaren Faktoren effizienter Distributions-Strategien.

5.6 Die richtige Content-Verbreitung

Relevante Inhalte zu haben ist schön und gut – man muss aber auch zusehen, dass sie gelesen werden. Im Content-Marketing gilt es, Relevanz und Distribution unter einen Hut zu bekommen. Häufig besteht allerdings das Problem, dass nicht verstanden wird, warum es auch sinnvoll sein kann, anderen Plattformen die eigenen Inhalte zur Verfügung zu stellen und diese aktiv zu teilen. Dabei gibt es gute Gründe dafür, hochwertigen Content auch für andere Websites zu erstellen.

Neben der Verbreitung von Content über beispielsweise Foren und Presseverteiler oder diverse Social-Media-Kanäle über unternehmenseigene Accounts, kann auch die Zusammenarbeit mit weiteren Websites eine Option sein. Um die relevante Zielgruppe zu erreichen, müssen nicht sofort bezahlte Anzeigen geschalten und Suchmaschinenwerbung betrieben werden. Zumal Paid-Content (siehe Kap. 3) nie völlig neutral betrachtet wird, sondern sogar eher abschreckend wirkt und ungern konsumiert wird – schließlich steht eine Marke im Hintergrund, die nur verkaufen will. Um diesem Problem aus dem Weg zu gehen, hilft es, sich neben dem gebrandeten Content auch auf die Erstellung von Whitelabel-Content zu fokussieren. Dabei geht es um Inhalte, die nicht sofort einer Marke zugeordnet werden können und nicht nur auf der eigenen Unternehmenswebsite oder dem unternehmenseigenen Blog zu finden sind. Dadurch besteht die Möglichkeit, sich extern als Experte für ein bestimmtes Themengebiet zu platzieren und Vertrauen aufzubauen – gerade dann, wenn es um erklärungswürdige Spezialthemen geht, die ein gewisses Maß an Fachwissen erfordern. Selbstverständlich ist es möglich, hierfür zum Beispiel einen eigenen Whitelabel-Blog zu erstellen. Allerdings gibt es bereits eine Vielzahl an Plattformen, die themenverwandten und passenden Content bereitstellen – warum also nicht mit diesen kooperieren?

5.6.1 Warum die Verbreitung überhaupt so wichtig ist

Der starke Trend gen Digitalisierung hat die Werbewelt stark beeinflusst. Der eigene Webauftritt und die richtige Zielgruppenansprache über digitale Medien und die sozialen Netzwerke haben enorm an Wichtigkeit gewonnen. Viele Werbebotschaften werden über klassische Kanäle, wie Fernsehen, Radio oder Zeitungen, verbreitet. Dabei handelt es sich um weitaus kostspieligere Kanäle als die, die uns der digitale Wandel ermöglicht.

Bei der Vielzahl an Inhalten im Netz besitzt der einzelne Webseiten-Content eine geringe Toleranzgrenze, was bedeutet, dass die Reputation eines Unternehmens wesentlich schneller leidet als es vor dem Digitalisierungs-Trend der Fall war. Denn heute ist es den Usern ein leichtes, sich von Webseiten mit irrelevanten Inhalten zu lösen und sich einfach weiter durch die Vielzahl an Suchergebnissen zu klicken. Somit müssen die Inhalte heute eine entsprechende Qualität haben, um den Leser auf der Seite zu halten und der dahinterstehenden Brand nicht zu schaden. Der Grundnutzen von Content-Marketing ist und bleibt dabei die Bereitstellung von Mehrwert für den User – und zwar dort, wo sich die Zielgruppe aufhält.

Über relevante Kanäle muss der Mehrwert in Form von Content zum Leser gebracht werden. Nur darauf zu warten, dass der Leser die bereitgestellten Inhalte von selbst in der breiten Angebotsvielfalt findet, ist heutzutage sehr riskant und die ganze Mühe um den Qualitäts-Content nicht wert. Es gilt also, dem User entgegenzukommen und ihn an den jeweils relevanten Touchpoints der Customer-Journey (siehe Abschn. 4.3) abzuholen. So können vor der Entstehung eines Kaufinteresses Bedürfnisse geweckt werden, während in der Informationsbeschaffungs-Phase bei bestehendem Kaufinteresse Hilfestellungen geboten werden oder auch nach dem Kauf weiterführende Informationen zur langfristigen Kundenbindung bereitgestellt werden.

5.6.2 Die richtigen Kanäle wählen

Betrachten wir nun Content in Textform, so wird an folgendem Beispiel klar, wie sehr die Zielgruppe und Botschaft zur effektiven

5 Der Weg zum perfekten Content

Verbreitung und Formatnutzung beitragen: Beauty-Tipps für junge Frauen lassen sich beispielsweise super in Form von kurzen, lockeren Blogartikeln verbreiten. Investitions- oder Versicherungsthemen hingegen benötigen fundierte und ausführliche Ratgeberartikel. Natürlich ist das aber noch lange nicht alles. Denn abgesehen von reinen Textformen bieten sich für die Verbreitung von Beauty-Tipps und Makeup-Tutorials auch Plattformen wie YouTube, Pinterest, Instagram oder Facebook an. Es gibt eine Vielzahl an Möglichkeiten – egal, ob Social-Media, Informationsplattformen oder Ratgeber und Blogs. Und genau das macht die Auswahl des jeweils richtigen Kanal-Mix zur Herausforderung (Abb. 5.12).

Eine hilfreiche Vorgehensweise, um relevante Plattformen für Kooperationen und die unternehmenseigene Verbreitung zu evaluieren, wird nun in vier einfachen Schritten erklärt.

Zu Beginn der Recherche muss klar sein, welche Suchbegriffe auf den Content und die Brand zutreffen, welche davon suchvolumenstark und somit auch besonders relevant sind. Wurde eine Auswahl an relevanten Keywords definiert, so können diese für die Recherche nach Websites, potenziellen Kooperationspartnern und Verbreitungsplattformen genutzt werden. Dabei ist immer auf die jeweilige Zielgruppe (siehe Abschn. 4.1) der Websites und die dargestellten Themen zu achten. Anhand der Themenausrichtung lassen sich beispielsweise recht einfach grobe Zielgruppen-Cluster bilden. Die recherchierten Plattformen sollten zudem aus der Perspektive des Users betrachtet werden: Werden

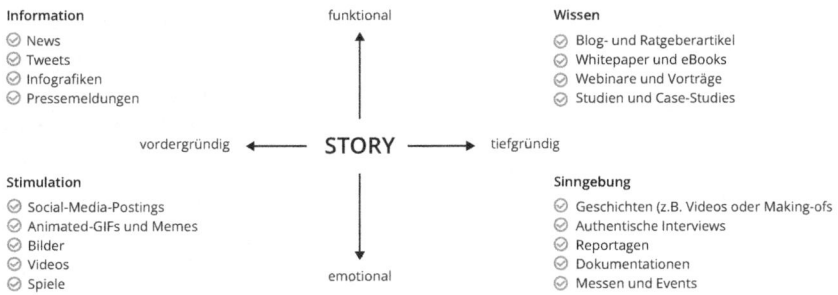

Abb. 5.12 4-Sektoren-Grafik für die richtige Wahl der Verbreitungs-Kanäle. (Quelle: eigene Darstellung)

seine Probleme gelöst oder Erwartungen und Wünsche erfüllt? Klare Qualitäts-Kriterien von Webseiten-Content für den User sind zudem die (1) Aktualität als auch die (2) Qualität und die (3) Relevanz des Contents.

Auch das Image der Plattform spielt eine große Rolle. Dieses sollte nicht nur dem eigenen Unternehmen entsprechen, sondern vor allem dazu beitragen, dass der platzierte Content ernst genommen wird. Es geht bei der Suche nach relevanten Verbreitungskanälen also auch verstärkt darum, solche zu finden, die den Unternehmens-Werten entsprechen und dem jeweiligen Image mehr Ausdruck verleihen. Ein gemeinsam angestrebter Themenfokus, derselbe Qualitätsanspruch und ähnliche Ziele werden hierfür unter anderem benötigt. Je mehr Überschneidungen bei der Recherche festgemacht werden können, desto besser eignet sich eine Plattform oder ein Kanal für Verbreitungsmaßnahmen und Kooperationen.

Die Suche nach relevanten Kanälen in 4 Schritten
1. Keywordanalyse
2. Zielgruppenfokus
3. Image und Autorität
4. Gemeinsamkeiten

5.6.3 Die Wichtigkeit des Pre-Outreaches

Der Pre-Outreach beschreibt die Vorbereitungsphase auf die eigentliche Content-Verbreitung und Kooperationsarbeit. Mit einer reinen Google-Recherche ist es dabei selbstverständlich nicht getan. Der jeweilige Kontext einer Website und eines potenziellen Kooperationspartners ist von grundlegender und nicht zu unterschätzender Wichtigkeit. Denn es nützt nichts, wenn ein Content-Stück auf einer völlig kontextfremden Seite platziert wird und für die User inhaltlich irrelevant ist. Im besten Fall wird dabei vielleicht kurzzeitig Traffic auf die eigene Seite generiert – auf lange Sicht gewinnt ein Unternehmen über diesen Weg aber keine nennenswerten Leads. Ziel ist es also, im Rahmen eines gründlichen Pre-Outreaches nach relevanten Partnern und Kanälen zu recherchieren, um vorhandene Zielgruppen für den eigenen Content begeistern zu können. Unter anderem durch möglichst viele Überschneidungen zwischen Kooperationspartner oder Kanal und Unternehmen sowie die vorhandene Themenrelevanz.

Zum Pre-Outreach gehört aber nicht nur die reine Analyse und Recherche. Es geht auch um die Kontaktaufnahme und Kommunikation mit potenziellen Partnern. Dabei spielen natürlich vor allem Sympathie, Wertschätzung und Respekt eine große Rolle. So geht es nicht nur darum, zu fordern, dass eigene Inhalte beim Partner platziert werden, sondern beispielsweise auch um eine gemeinsame Optimierung und Erweiterung der Inhalte. Die Expertenmeinung des Kooperationspartners spielt eine wichtige Rolle und vermittelt ganz aktiv das Gefühl der Gemeinsamkeit und Partnerschaft. Wer das Gefühl hat, im Rahmen einer Zusammenarbeit wertgeschätzt zu werden und nicht nur Anforderungen des anderen gerecht werden zu müssen, ist wesentlich kooperativer gesinnt.

5.6.4 Welche Anforderungen stellen die Kanäle an den Content

Zu aller erst gilt es bei der Erstellung von Inhalten darauf zu achten, dass die Zielgruppe richtig angesprochen wird – auch auf fremden Plattformen. So sprechen Blogs ihre Leser anders an als Unternehmenswebsites und erreichen somit auch auf eine ganz andere Art die Leserschaft. Je nach Zielgruppe und Altersklasse empfiehlt sich eine andere Art von Format, Textgestaltung, Tonus und Ansprache. Wie sehr allein die Kundenansprache variieren kann zeigt folgendes Beispiel: Auf Produkt- oder Kategorieseiten einer Unternehmenswebsite wird der Leser meist mit „Sie" angesprochen. In Ratgeber-, Blog- oder Magazinartikeln wird hingegen eher auf ein sehr persönliches und nahbares „Du" gesetzt. Inhalte, die über die sozialen Netzwerke verbreitet werden, werden für die breite Masse erstellt und sprechen ihre Leser häufig mit „ihr" an.

Außerdem müssen die Inhalte auch entsprechend der Kundenwünsche und kanalspezifisch aufbereitet werden. Generell werden packende Inhalte gefordert – egal ob emotionale Storys, informative Hilfestellungen oder überzeugende und unterhaltsame Inhalte. Dies variiert je nach Kanal. So sind für den Social-Media-Bereich ganz andere Formate notwendig als beispielsweise Content, der überwiegend am Desktop konsumiert wird. Fokussieren wir uns nun auf Social-Kanäle wie Instagram und Facebook: So müssen Inhalte auf den ersten Blick überzeugen und das Scrollverhalten des Users stoppen. Hierfür eignen sich emotionale, aussagekräftige und ansprechende Bilder oder Videos, die gerne auch überraschen dürfen und so aus der Vielzahl anderer Posting herausstechen – und zwar besonders schnell. Zudem müssen die bereitgestellten Inhalte, die sich hinter den Eye-Catchern verbergen, möglichst „snackable" gestaltet sein. Sie müssen also, ähnlich wie ein Snack, schnell und möglichst bequem konsumierbar sein. Auf dem Smartphone-Bildschirm werden Unmengen an Fließtext ungerne gelesen. Aber auch am Desktop sollte auf eine gut konsumierbare Content-Aufbereitung geachtet werden.

Um sich langfristig den Expertenstatus im Netz zu sichern, ist eine regelmäßige Präsenz notwendig. Es gilt, regelmäßig Content zu veröffentlichen und neue Themen zu erstellen. Dies unterstützt die Content-Kontribution und den Aufbau einer stabilen Themenwelt. Ob nun ein Beitrag pro Quartal oder ein Beitrag pro Woche veröffentlicht wird, ist nirgends festgelegt. Eine klare Regelung oder Richtlinie gibt es nicht. Wichtig ist aber ganz klar die Regelmäßigkeit, die von jedem individuell definiert werden kann. Auch im Falle einer Kooperation zur Inhalts-Verbreitung ist regelmäßiger Input gefragt – sonst könnte sich der Partner schnell ausgenutzt fühlen. Grundsätzlich gilt aber, dass es mit der Regelmäßigkeit nicht übertrieben werden sollte. An erster Stelle steht jeder Zeit die Qualität des Contents – und diese bedarf Zeit. Eine gesunde Mischung macht's: Weder lange Pausen noch eine Content-Flut ist die richtige Strategie.

Die Verbreitung von Content in regelmäßigen Abständen ist das eine. Es sollten idealerweise aber auch Verbreitungsmaßnahmen über verschiedene, passende und vor allem zielgruppenrelevante Kanäle geplant werden, um die Präsenz nicht nur langfristig, sondern auch möglichst global zu gewährleisten. Dabei muss das jeweilige Content-Stück an die gewünschten Formate angepasst werden und eine kanalübergreifende Story als den altbekannten „Roten Faden" vermitteln. Am Beispiel der Marke RITTER SPORT und dessen Einhorn-Schokolade wird dieses Vorgehen genauer beleuchtet:

Nach dem Ausverkauf der gehypten Einhornschokolade nahm RITTER SPORT auf seinem Blog dazu ganz offen Stellung. So wurden in der Stellungnahme zur Nachproduktion am 17.11.2016 (RITTER SPORT 2016b) die Fragen der User geklärt:

- „Wie funktioniert eine Nachproduktion?"
- „Wann kann ich endlich wieder bestellen?"
- „Wie lange dauert es bis zur Auslieferung?"

Zudem wurde auch Stellung zu kritischen Fragen und Vorwürfen genommen – eine ideale Basis für die automatische Verbreitung der Inhalte und ein angeregtes Social-Engagement. Kurz darauf wurde ein Gewinnspiel für die letzten Einhornschokoladen-Vorräte gestartet. So schrieb RITTER SPORT im Blogartikel vom 08.12.2016 (RITTER SPORT 2016a):

> Liebe Einhorn-Fans, Schokolade macht glücklich, sagt man. Und Einhorn-Schoki soll besonders glücklich machen! Deshalb haben wir uns nach reiflicher Überlegung dazu entschlossen, zum Ursprung des Einhorn-Gedankens zurückzukehren, nämlich Freude zu bereiten. Wir verschenken die letzten Einhorn-Tafeln und machen damit Kinder glücklich, die nicht so glücklich sein können, wie Kinder das eigentlich sein sollten. In diesem Zuge werden wir keinen Verkauf in Waldenbuch und Berlin durchführen. Ein Lächeln ins Gesicht zaubern und eine Freude bereiten – das war von Anfang an die Absicht mit unserer Limited Edition. Die Idee der Einhorn-Schokolade ist mit durch euch entstanden – durch eure Vorschläge in der Sorten Kreation, also in der RITTER SPORT Community. Die Ideen fanden wir so klasse, dass wir das Thema schließlich auch für euch umgesetzt haben. Wir haben unglaublich viel Zuspruch für die Idee und Umsetzung der Einhorn-Schokolade erhalten und möchten an dieser Stelle ein riesiges, glitzerndes Dankeschön an alle Einhorn-Fans senden! Ihr seid magisch!

Eine sehr transparente, emotionale Message, die direkt an die User und Fans gerichtet ist und somit besonders persönlich und nahbar wirkt. Doch damit war es nicht getan. Knapp ein Jahr später wurde ein weiterer Blogartikel anlässlich des „Internationalen Tag des Einhorns" veröffentlicht. Dieser wurde wiederum mit viel Humor und Emotion aufgezogen – vgl. Abb. 5.13 (RITTER SPORT 2017b):

> Hallo Einhorn-Fans! Heute – am internationalen Tag des Einhorns – ist es bereits ein Jahr her, dass unsere magische Einhorn-Schokolade die Welt verzauberte und kurz auf den Kopf stellte. Was dann geschah, war unglaublich! Was war das für eine verrückte Zeit?! Voller Glitzer, Emotionen und entzückend bunter Einhorn-Produkte. Von magischer Schokolade über Duschseife, Bratwürste und sogar Klopapier war alles dabei. Wir lassen das Jahr Revue passieren und dazu meldet sich natürlich auch das RITTER SPORT Einhorn höchstpersönlich zu Wort. Aber seht selbst.

Abb. 5.13 Screenshot des Facebook-Postings zur Einhorn-Stellungnahme. (Quelle: https://www.facebook.com/RitterSportEinhorn/)

Das im Blogbeitrag eingebundene Video wurde auch auf Facebook verbreitet. Dort erzielte es bis zum Sommer 2018 mehr als 5000 Likes, über 1100 Shares und rund 265.000 Aufrufe (RITTER SPORT 2017a). Zudem wurden Hashtags wie beispielsweise #glittersport und #einhornschokolade etabliert, welche insgesamt über 5300 veröffentlichte Instagram-Beiträge zu verbuchen haben.

Die Aufmerksamkeit rund um den Einhorn-Hype nutzte RITTER SPORT effektiv für sich aus. Entstanden ist eine besonders nahbare und emotionale Kampagne, die sich stark auf die Zielgruppe fokussiert hat – und das sehr weitreichend über verschiedene Kanäle. Durch die dargebotene Transparenz, Ehrlichkeit und Präsenz der Marke zu dem gehypten Thema und Produkt wurde mit den bereitgestellten Inhalten eine optimale Basis für die Verbreitung geschaffen. Spannende Outreach-Themen wie diese lassen sich überall finden. Nicht nur über Tools wie Google AdWords und den Keyword Planner – oftmals reicht ein bloßes Brainstorming und eine abteilungsübergreifende Zusammenarbeit innerhalb des Unternehmens. Besonders Kollegen mit direktem Kundenkontakt haben häufig detaillierteres Wissen über die Kundenbedürfnisse und kennen Themen und Fragen, die innerhalb der Zielgruppe kursieren.

Was häufig unterschätzt wird, ist die Wichtigkeit der Zielgruppenspezifität im Vergleich mit der Gesamtreichweite. Schließlich ist das absolut höchste Ziel einer effektiven Content-Verbreitung die anhaltende Konversation mit der Zielgruppe und der Aufbau einer langfristigen Bindung. Je zielgerichteter ein Content und je größer die Reichweite innerhalb der relevanten Zielgruppe ist, desto höhere Abschlussraten werden folgen. Ein weit verstreuter Inhalt, der bei keinem relevanten Interessenten ankommt, wird dies nicht schaffen.

5.7 Monitoring

Content-Marketing beinhaltet verschiedene Disziplinen aus dem Kommunikations- und Online-Marketing. Die Suchmaschinenoptimierung kann dabei als eine Teildisziplin angesehen werden. Beide Bereiche sind also eng miteinander verknüpft und besitzen eine gemeinsame Schnittmenge – auch bei der Erfolgsmessung. So sind Key-Performance-Indicators (KPIs) häufig für beide Disziplinen relevant.

So zum Beispiel folgende Kriterien
- Woher kommen die Seitenbesucher?
- Wie lange bleiben sie auf der Website?
- Navigieren sie durch weitere Webseiten?
- Werden gewünschte Reaktionen ausgelöst?

Dabei ist allerdings zu unterscheiden, dass die Suchmaschinenoptimierung taktische Ziele verfolgt, die meist kurzfristiger Natur sind, und Content-Marketing strategische Unternehmensziele anstrebt, die für gewöhnlich langfristig gedacht werden. Generell können die Zielsetzungen im Content-Marketing in zwei Kategorien unterteilt werden: in Traffic- und Conversion-Ziele. Welche Erfolge sich dahinter verbergen und welche KPIs diesen zugrunde liegen, werden in den folgenden Abschnitten erläutert.

5.7.1 Was sind eigentlich Erfolge im Content-Marketing?

„Erfolg" steht im Zentrum des Content-Marketings und bedeutet dabei mehr als nackte Zahlen. Es geht nicht nur um die reine Zielerreichung, also die Übereinstimmung von Ziel oder Wunsch und der erlebten Wirklichkeit. Auch das effiziente Arbeiten mit Inhalten und Themen spielt eine wichtige Rolle. Es sind sowohl quantitative als auch qualitative Faktoren bei der Erfolgskontrolle zu beachten, was es wesentlich erschwert, alle wichtigen Kriterien genau zu beziffern. Das Tracken rein monetärer Kriterien wäre im Content-Marketing viel zu kurz gedacht. Da auch emotionale Werte eine wesentliche Rolle spielen, ist es eine individuelle Auslegungssache, welche Metrik für die Erfolgsmessung herangezogen werden sollen und wie diese interpretiert werden. Um die richtige Mischung aus relevanten und aussagekräftigen KPIs zu finden, empfiehlt es sich, zunächst die Kern-Kriterien aus den Unternehmens- und Kommunikationszielen herzuleiten. Zudem variiert die Auswahl je nach Projekt, Thema und den eingesetzten Plattformen beziehungsweise den genutzten Kanälen.

5.7.2 Die Wahl der richtigen KPIs

Heutzutage sind Tendenzen in der digitalen Medienwelt viel schneller zu erkennen und zu messen als noch vor einigen Jahren. Häufig lassen sich bereits Entwicklungen erahnen, bevor sich die Maßnahmen auf den eigentlichen Umsatz auswirken. Um die Entwicklungen und ersten Kennzeichen richtig einordnen zu können, ist jede Menge Erfahrung und eine gründliche Vorbereitung nötig. Daher ist es besonders wichtig, gleich zu Beginn die wichtigsten KPIs zu definieren und diese entsprechend zu beobachten und zu dokumentieren.

Bei der Auswahl möglichst aussagekräftiger KPIs kommt es stark auf die Art des jeweiligen Contents an. So lassen sich Erfolge von kommerziellem Content anhand von Leads, Sales oder Klicks messen. Bei nicht-kommerziellem Content, der rund um das angebotene Produkt informieren und unterhalten soll, sind andere Kennzahlen wichtig. Hier lohnt es sich beispielsweise, die Reichweite zu messen. Beim Social-Content wiederum geht es um die Messung des erzeugten Social-Engagements, das sich in Form von Likes und Shares äußert. Die gewählten KPIs müssen folglich immer am Zweck ausgerichtet sein, den der jeweilige Content erfüllen soll. Und zudem gilt: Die Mischung macht's! Eine isolierte Betrachtung der Kennzahlen ergibt keinen Sinn. Es gilt, einen Mix aus quantitativen und qualitativen Faktoren zu finden, welcher der jeweiligen Strategie und den Zielen entspricht. Zudem variiert die richtige Mischung entsprechend der eingesetzten Plattformen und genutzter Kanäle. Eine Untergliederung nach kurz-, mittel- und langfristigen Werten kann ebenfalls je nach Projekt von Bedeutung sein.

5.7.3 Priorisierung der Inhalte nach Search-Metriken

Nach der Theorie kommt die Praxis – klar! Häufig stellt sich jedoch die Frage, wie mit der Umsetzung einer Content-Strategie gestartet werden soll. Bei der Priorisierung von Inhalten reicht das reine Bauchgefühl logischerweise nicht aus. Zumal nach der Veröffentlichung natürlich auch eine fundierte Analyse-Basis vorhanden sein sollte.

Das Clustern von vorhandenem Inhalt und neuen Content-Ideen ist hierbei ein sinnvoller Ansatz. In Abschn. 5.2 wurde das Vorgehen im Rahmen eines quantitativen Content-Audits bereits beschrieben. Potenzielle Content-Ideen – egal ob vorhandene oder neue Inhalte – können in dieser Form ideal nach Themen- und Keyword-Clustern priorisiert werden. Dabei wird beispielsweise evaluiert, wie hoch das Suchvolumen relevanter Begriffe bei Google ist. Außerdem liefert Google AdWords entscheidende Informationen zum zu zahlenden Betrag für die Einbuchung des Keywords. Diese Kennzahlen ermöglichen eine Formel, die einer reinen Content-Idee einen potenziellen Wert zuordnen lässt.

> Suchvolumen × CPC × angenommene CTR = monatlicher Wert des geplanten Inhalts

Die durchschnittlichen Suchanfragen pro Monat, multipliziert mit dem zu zahlenden Preis pro Klick und der durchschnittlichen Klickrate ergeben demnach den monatlichen Wert eines Inhalts. Aus allen Suchenden (hier: Suchvolumen) klickt nur ein Anteil (hier: CTR) auch tatsächlich auf das relevante Suchergebnis und den Content. Dieser Anteil steht für die tatsächlich generierten Seitenbesucher, denen über die Multiplikation mit dem Preis pro Klick ein Wert zugeordnet werden kann.

Wie bereits in Abschn. 5.3.2 erwähnt wurde, ist der Klickpreis (=CPC) überwiegend für Marketer aus dem Bereich der bezahlten Suchmaschinenwerbung relevant. Für die organische Suchmaschinenoptimierung ist der Klickpreis alleine kein ausschlaggebendes Kriterium für die Definition und Priorisierung von Maßnahmen. Um einer Content-Idee einen Wert zuzuordnen, kann diese Kennzahl jedoch herangezogen werden. Schließlich handelt es sich beim CPC um den keyword-bezogenen Preis, der für einen Klick auf eine Werbeanzeige zu zahlen wäre. Die Höhe des Preises wird nach dem Prinzip des Meistbietenden bestimmt, da die Werbeplätze begrenzt sind. Je höher der angesetzte CPC in Tools wie Google AdWords für ein Keyword angesetzt ist, desto umstrittener sind die Werbeplätze im Themenbereich oder zu einem spezifischen Keyword. Je umstrittener ein Themenbereich ist, desto schwieriger gestaltet es sich, die Klicks für den eigenen Content zu gewinnen. Ausschlaggebend für die Bewertung von Content-Ideen ist demnach die Kombination aus den Faktoren Suchvolumen und Klickrate. Der Klickpreis hilft dabei, die zu erwartenden Erfolge in Zahlen zu darzulegen.

Vorgehen zur Themenpriorisierung nach Search-KPIs
- Themen-Cluster bilden
- Kumuliertes Suchvolumen für die Cluster ermitteln
- Durchschnittliche CTR vorhandener Inhalte als Maßstab heranziehen und auf das Themen-Cluster anwenden
- Durchschnittlichen Klickpreis für relevante Keywords des Themen-Clusters heranziehen
- Themen-Cluster mithilfe der Formel bewerten

Die entstehenden Themen-Priorisierungen sind dabei sehr datengetrieben und sollten immer an die zugrunde liegenden Prioritäten eines Unternehmens oder einer Brand angepasst werden. Es können also auch Themen im Erstellungsprozess vorgezogen werden, die laut Priorisierungs-Formel nicht an erster Stelle stehen würden.

Lohnt sich also die Investition in Content? Um dies abschätzen zu können, kann eine ROI-Formel (=Return-of-Investment) herangezogen werden (Abb. 5.14). Diese überprüft die finanzielle Rentabilität in Bezug auf die Unternehmensziele. Allerdings kann diese nur als grober Anhaltspunkt für die Budgetplanung genutzt werden, da das Zusammenspiel verschiedener Kanäle und Touchpoints nicht

$$\text{Content Marketing ROI} = \frac{\text{Profit}^{*1} - \text{Investition}^{*2}}{\text{Investition}^{*2}}$$

*1 Profit z. B.: Umsatz aus mehr Konversion

*2 Investitionen z. B.: Zeit und Arbeitskraft für Content Marketing

Abb. 5.14 Formel zur Berechnung des ROIs. (Quelle: eigene Darstellung nach Langmann o. J.)

berücksichtigt wird. Vielmehr wird eine einzelne Maßnahme der finalen Konversion zugeschrieben, was nicht der Realität entspricht.

Eine ganzheitliche ROI-Betrachtung erfordert ein Umdenken und die Gewichtung der verschiedenen Touchpoints im Kaufentscheidungsprozess eines Users. Über Tools wie Google Analytics lassen sich Top-Conversion-Pfade ermitteln und relevante Zusammenhänge berücksichtigen. Dies gibt unter anderem Aufschluss darüber, wie sich die Zielgruppe entlang der Customer-Journey verhält und ob beziehungsweise wann Paid-Content – beispielsweise in Form von Social-Ads – genutzt werden sollte, um zusätzlich Aufmerksamkeit zu erzeugen und den Suchbedarf optimal abzufangen.

> **Tipp**
>
> Beachten Sie zu jeder Zeit, dass die Erfolge im Content-Marketing nicht immer garantiert sind und pauschal vorhergesagt werden können. Es gilt, vorab vor allem quantitative und qualitative Ziele zu definieren und deren Erreichung kontinuierlich zu messen. Denn, wo Erfolge nicht immer sicher sind, muss die eigene Arbeit ständig kontrolliert und optimiert werden, um bestmögliche Resultate zu erzielen.

5.7.4 Emotionale Erfolge in Zahlen messen

Emotionsbasierte Ziele, wie das Vertrauen des Kunden gegenüber einer Marke oder dessen langfristige Loyalität, lassen sich nicht direkt in

Zahlen messen. Stattdessen müssen messbare Kennzahlen herangezogen und ausgewertet werden, die wiederum entsprechend interpretiert werden.

Um Erfolge messbar zu machen, muss der aktuelle Stand der Daten vor dem Start der Optimierungsmaßnahmen bekannt sein. Nur so können Veränderungen erkannt und begründet werden. Zudem kann bei unerwünschten Datenentwicklungen rechtzeitig eingegriffen werden. Besonders wichtige Ziele im Content-Marketing sind die Maximierung der Reichweite und die Erhöhung des Engagements – sowohl innerhalb als auch außerhalb einer Website. Welche Metriken dabei jeweils eine Rolle spielen und wie diese gemessen werden können, wird in den folgenden Textabschnitten erläutert.

Erhöhung der Reichweite
Content-Marketing gilt als einer der wichtigsten Faktoren, um online sichtbar zu werden und nicht für jeden Klick bezahlen zu müssen, wie es bei Werbeformen wie Google AdWords, Bannern oder Facebook-Ads der Fall ist. Allerdings braucht es für eine gute Online-Sichtbarkeit mehr als interessante Inhalte. Die Texte müssen so platziert und unterstützt werden, dass Google sie gut verarbeitet, als relevant einstuft und weit oben in den Suchergebnissen anzeigt. Um Online-Sichtbarkeit und Reichweite aufzubauen, muss der Inhalt anschließend im unternehmensrelevanten Umfeld platziert werden, sodass qualifizierte Besucher darauf aufmerksam werden und klicken. Die Anzahl der Seitenaufrufe gibt Aufschluss darüber, welche Arten von Inhalten bei der Zielgruppe ankommen. Die Absprungrate oder Verweildauer zeigen zudem, ob die Struktur der Beiträge gut ist und ein User findet, was er sich versprochen hat oder nicht.

Relevante Metriken zur Reichweiten-Maximierung können mit Google Analytics beobachtet werden. Für Kennzahlen wie Time-on-Site, Bounce-Rate oder Click-Through-Rate sind neben Google Analytics auch andere Webtracking- oder Visualisierungs-Tools denkbar. So kann beispielsweise über Heatmaps oder Klick-Analysen dargestellt werden, welche Bereiche einer Landingpage oder ganzen Website für die User besonders relevant sind. Auch die Google Search Console kann als Lieferant für relevante Daten innerhalb der

Google-Suche dienen. So können beispielsweise Informationen zu Klicks, Impressionen oder Backlinks von externen Domains abgerufen werden. Relevante Metriken für die Maximierung der Reichweite:

- Anzahl neuer Besucher
- Anzahl wiederkehrender Besucher
- Höhe der Verweildauer auf der Seite (Time-On-Site)
- Höhe der Absprungrate (Bounce-Rate)
- Anzahl weiterer besuchter Seiten (Click-Through-Rate)
- Mobile Zugriffe
- Desktop-Zugriffe

Erhöhung des Engagements
Qualifizierter Traffic ist eines der Kernziele im Content-Marketing und beschreibt die Menge an Nutzern, die über organische – also unbezahlte – Suchergebnisse auf eine Website gelangen. Ist dies geschafft, geht es darum, die User mithilfe Contents so durch die Seitenstruktur zu leiten, dass wünschenswerte Handlungen abgeschlossen werden. Schließlich soll aus dem reinen Informationskonsum auch eine Conversion resultieren. Die Conversion-Rate gibt dabei an, wie viele Besucher beispielsweise Formulare ausfüllen, Bestellungen tätigen oder anderweitig wünschenswert agieren. Diese Kennzahl ist für qualitativ hochwertige Angebote eine der wichtigsten Indikatoren. Daneben gibt es allerdings auch andere Kriterien, wie beispielsweise Backlinks, Brand-Mentions oder Social-Engagement, die Aufschluss darüber geben, wie sehr der angebotene Inhalt gefällt.

Um die Zahlen richtig einschätzen zu können, muss allerdings verstärkt zwischen den Zeilen gelesen werden. Wird zum Beispiel viel Traffic generiert, dabei aber nur sehr wenige Leads, so reicht der wahrgenommene Mehrwert des Contents offensichtlich nicht aus. Um den Optimierungsbedarf zu erkennen und entsprechende Maßnahmen zu bestimmen, können zum Beispiel A/B-Tests hilfreich sein. Grundsätzlich ist es wichtig, das Zielpublikum zur Weiterempfehlung anzuregen. So zum Beispiel über Sharing-Buttons, die auf einer Landingpage eingebunden werden oder das Bewerben von Content auf eigenen Kanälen. Dies erhöht sowohl die Chance auf neue Besucher und die Maximierung der Reichweite als auch das Engagement der User.

Die Kennzahlen, die auf das Engagement schließen lassen, können intern über Website-Statistiken beobachtet werden. Alternativ kann auch hier auf Google Analytics zurückgegriffen werden. Der „Seitenwert" in Google Analytics zeigt an, wie oft die relevante Webseite beziehungsweise deren Content auf dem Weg zu einer Conversion aufgerufen wurde. Neben den Metriken zum Engagement innerhalb einer Website gibt es auch wichtige Kennzahlen außerhalb einer Website. So kann beispielsweise die Anzahl von Backlinks externer Quellen zum eigenen Content Aufschluss über die wahrgenommene Relevanz geben. Geprüft werden können die Daten über verschiedene Tools, die mit der Suchanfrage „kostenlos Backlinks checken" ganz leicht gefunden werden können. Neben den Backlinks spielt auch das Social-Engagement eine wichtige Rolle. Um das Engagement auf diversen öffentlichen Plattformen zu monitoren, sind ebenfalls kostenfreie Tools verfügbar. So zum Beispiel socialmention.com oder tweetarchivist.com.

Erhöhung des Engagements – Relevante Metriken

- Anzahl der Abonnenten (Blog, Newsletter)
- Anzahl von Neu-Registrierungen (Forum)
- Anzahl Eintragungen und Teilnehmer (Webinar)
- Anzahl Views und Downloads (Foto, Video, Infografik, Whitepaper, E-Book etc.)
- Anzahl Leads
- Anzahl Conversions
- Anzahl von externen Backlinks auf den eigenen Content
- Anzahl Likes, Tweets und Shares (Social-Media-Plattformen)
- Anzahl neuer Kommentare

Interpretation der Metriken
Für die Erfolgsmessung ist neben der reinen KPI-Analyse auch die Interpretation und Entwicklung der Daten im Zeitverlauf relevant. Es muss letztendlich herausgelesen werden, welche Inhalte gut

funktionieren und welche noch anzupassen sind – so zum Beispiel an den Website-Kontext oder an das Interesse der User.

Aber wie sind gewisse Metriken und Kennzahlen denn nun zu interpretieren? Dies variiert je nach Zielsetzung, Strategie und Content-Ausrichtung. Ein grober Leitfaden kann dennoch in Form folgender Punkte bereitgestellt werden:

- **Reichweite und organischer Traffic:** Die Anzahl der erreichten User und generierten Seitenbesucher lässt auf die Bekanntheit einer Marke und die Brand-Awareness innerhalb der Zielgruppe schließen. Besonders wertvoll sind dabei die Besucher, die über die organische Suche auf die Webseite gelangen. Dies lässt auf aktive Suchanfragen rund um das Themengebiet und ein ehrliches Interesse am bereitgestellten Content einer Website schließen.
- **Klickrate, Seitenaufenthaltsdauer und Absprungrate:** Die Höhe der Klickrate gibt an, wie oft auf ein Suchergebnis im Verhältnis zu den gesamten Impressionen geklickt wird. Wird ein Suchergebnis 100 Mal angezeigt und dabei nur einmal geklickt, so beträgt die Klickrate 1 %. Je öfter ein Suchergebnis geklickt wird, desto relevanter scheinen die Inhalte für den User zu sein. Die Länge der Seitenaufenthaltsdauer und die Höhe der Absprungrate lassen herauslesen, wie interessant der Webseiten-Inhalt für den Besucher tatsächlich ist und ob er sich mit den Inhalten befasst.
- **Conversion-Rate und Social-Engagement:** Die über Content-Marketing erzielten Konversionen geben an, wie überzeugt ein Leser von einem bereitgestellten Inhalt ist. Je relevanter die Webseiten-Inhalte vom User wahrgenommen werden, umso höher ist die Wahrscheinlichkeit, dass er wünschenswert agiert. Neben Beispielen, wie Newsletter-Abonnements oder Whitepaper- und E-Book-Downloads liefert auch das generierte Social-Engagement Aufschluss über die wahrgenommene Relevanz der Inhalte und das Interesse der User. Denn je wertvoller und hilfreicher die Inhalte sind, desto eher werden diese auch weiterempfohlen, mit „Gefällt mir" markiert, geteilt oder kommentiert und so für weitere User sichtbar gemacht.

Wie mit den Interpretationen umzugehen ist und welche Maßnahmen daraus zu definieren sind, variiert je nach Zielsetzung und kann nicht pauschal vorgegeben werden. Als grober Leitfaden kann allerdings folgendes Beispiel dienen: Wird in der Daten-Auswertung (zum Beispiel über die Google Search Console) ersichtlich, dass eine Webseite zwar viele Impressions besitzt und dabei allerdings nur sehr wenige Klicks generiert, so kann dies ein Hinweis dafür sein, dass die ausgespielten Snippet-Inhalte in den Google-Suchergebnissen für den User nicht relevant genug erscheinen. Eine Optimierung des Meta-Titles und der Meta-Description (siehe Abschn. 5.5.4.1) kann in diesem Fall hilfreich sein und eine höhere Klickrate erzielen. Konkrete Tipps und Optimierungsstrategien für den vorhandenen Content werden in Kap. 6 beschrieben.

3 Take-Aways für die Erfolgsmessung
1. Die ausgewählten Metriken müssen abhängig vom jeweiligen Content-Format anders bewertet werden. Es ist schließlich ein großer Unterschied, ob sich ein User 30 s mit dem Lesen eines kurzen Blogartikels oder eines seitenlangen Whitepapers beschäftigt.
2. Die Ergebnisse der Erfolgsmessung sollten nicht isoliert betrachtet werden. Teilweise können betreffende Personen aus anderen Abteilungen detaillierter und besser beurteilen, was gut und was schlecht funktioniert hat.
3. Keine voreilige Reaktion zeigen! Content, der im ersten Moment nicht sonderlich gut performt, kann trotzdem voller Potenziale stecken. Deshalb sollte neben quantitativen Kriterien auch die Qualität der Inhalte überprüft werden, bevor der Content aus dem Index genommen wird.

Ihr Transfer in die Praxis
- Definieren Sie eine Strategie und deren Ausrichtung – jeder sollte diese Strategie kennen!
- Führen Sie qualitative und quantitative Content-Audits durch
- Definieren Sie Inhalte, die neu erstellt, optimiert oder gelöscht werden müssen

- Führen Sie ausführliche Themenrecherchen durch, um etwaige Content-Lücken zu erkennen
- Prüfen Sie den Content anhand datengetriebener Kennzahlen
- Strukturieren Sie die Recherche-Ergebnisse mithilfe von Themenclustern
- Verfassen Sie einen umfassenden Redaktionsplan und Briefings für die Texterstellung
- Achten Sie bei der Content-Erstellung auf die richtige Textart, Tonalität und SEO-Faktoren
- Nutzen Sie Storytelling, um Ihren Content emotionaler und nahbarer zu gestalten
- Prüfen Sie die erstellten Inhalte eingehend hinsichtlich Orthografie und Grammatik, SEO, Sprache und Struktur
- Finden Sie die richtigen Kanäle für die Verbreitung Ihres Contents und verbreiten Sie die Inhalte
- Definieren Sie für Sie relevante Messwerte/KPIs für Ihren Content
- Monitoren Sie die Ergebnisse, um rechtzeitige Anpassungen (technisch und inhaltlich) vorzunehmen

Literatur

Campbell, Joseph. 1973. *The hero with a thousand faces.* Philadelphia: Princeton University Press.

Langmann, Sabine. o. J. Marketingziele erreicht? Erfolgsmessung im Content-Marketing. https://www.mindshape.de/kompetenzen/inbound-marketing/content-marketing/marketingziele-kpi-roi.html. Zugegriffen: 15. Mai 2018.

RITTER SPORT, o. A. 2016a. Einhorn-Schokolade soll Freude machen. https://www.ritter-sport.de/blog/2016/12/08/einhorn-schokolade-soll-freude-machen/. Zugegriffen: 6. Juni 2018.

RITTER SPORT, o. A. 2016b. Stellungnahme zur RITTER SPORT Einhorn. https://www.ritter-sport.de/blog/2016/11/17/stellungnahme-zur-ritter-sport-einhorn/. Zugegriffen: 6. Juni 2018.

RITTER SPORT, o. A. 2017a. Pressemeldung: RITTER SPORT Einhorn meldet sich zu Wort. https://www.ritter-sport.de/blog/2017/11/01/pressemeldung-ritter-sport-einhorn-meldet-sich-zu-wort/. Zugegriffen: 6. Juni 2018.

RITTER SPORT, o. A. 2017b. Seltene Gelegenheit: Das RITTER SPORT Einhorn verkündet Neuigkeiten! https://www.facebook.com/RitterSportDeutschland/videos/1473535846033129/. Zugegriffen: 8. Juni 2018.

Sinek, Simon. 2009. How great leaders inspire actions. https://www.ted.com/talks/simon_sinek_how_great_leaders_inspire_action. Zugegriffen: 28. Juni 2018.

The Guardian, o. A. o. J. Observer style guide. https://www.theguardian.com/guardian-observer-style-guide-a. Zugegriffen: 28. Mai 2018.

Worth, Josh. o. J. If the moon were only 1 pixel. http://joshworth.com/dev/pixelspace/pixelspace_solarsystem.html. Zugegriffen: 28. Juni 2018.

Weiterführende Literatur

Doll, Mareike. 2017. Content Audit: Bestehende Inhalte analysieren. https://www.luna-park.de/blog/25399-content-audit-bestehende-inhalte-analysieren/. Zugegriffen: 5. Juni 2018.

Hinnemann, Niels. 2014. Content-Marketing und ROI: Erfolg messen, Erfolg verstehen. https://t3n.de/magazin/ueber-messbarkeit-buzzwords-content-marketing-roi-235768/. Zugegriffen: 15. Mai 2018.

Lehnis, Patrick. o. J. Steigern Sie mit regelmäßiger Content-Kontribution Ihre Reichweite. https://b2bmarketing.works/blog/content-marketing/so-steigern-sie-ihre-content-marketing-reichweite/. Zugegriffen: 21. Mai 2018.

o. A. 2016. 5 Schritte für mehr Sichtbarkeit durch Content Marketing. https://www.internetworld.de/onlinemarketing/content-marketing/5-schritte-sichtbarkeit-content-marketing-1083796.html. Zugegriffen: 15. Mai 2018.

Patel, Neil. o. J. Der Vergleich des ROI (Return on Investment) von Content-Marketing und bezahlter Werbung. https://neilpatel.com/de/blog/der-vergleich-des-roi-return-on-investment-von-content-marketing-und-bezahlter-werbung/. Zugegriffen: 21. Mai 2018.

6

Optimierungsstrategien

> **Was Sie aus diesem Kapitel mitnehmen – Sie erfahren**
> - Wie Sie Ihre Optimierungsstrategie definieren.
> - Welcher Content gelöscht werden sollte.
> - Welcher Content sich für erneute Veröffentlichungen eignet.
> - Welche Inhalte in anderen Formaten dienen können.

> **SEO-Exkurs: Crawl-Budget optimieren**
> Eine suchmaschinenoptimierte Website sollte zu jeder Zeit vollständig für Suchmaschinen und Nutzer erreichbar sein. Dies erfordert, dass alle Inhalte stets auslesbar sind und dass keine technischen Barrieren oder strukturellen Probleme vorliegen, welche die Suchmaschine vom Crawling abhalten. Zudem ist wichtig, dass jeder Webseiten-Content sauber erfasst werden kann. Andernfalls wird dieser nicht in den Suchindex aufgenommen und folglich keine Rankings erzielen können. In der Suchmaschinenoptimierung spielt das Crawling eine entscheidende Rolle. Der technische Background der Website ist daher von größter Relevanz, denn Inhalte, die Suchmaschinenbots nicht erfassen und auslesen können, können sich negativ auf die Performance und auf das Ranking auswirken.
> Bei der Erstellung von Websites und deren Content sollte das Thema SEO daher konzeptionell von Beginn an beachtet werden. Das spart langfristig Kosten, Ressourcen und schafft die Basis des Erfolgs in der Suchmaschinenoptimierung.

> Ein wichtiges Kriterium im SEO ist die Indexierung von relevanten Inhalten. Jede URL, die in den Suchmaschinen-Index aufgenommen wird, sollte einen Mehrwert für den Besucher und somit auch für die Suchmaschine besitzen. Dazu sollte man sich bei jeder URL die Frage stellen, auf welche Terme und Suchanfragen die jeweilige URL „ranken", also positioniert, werden soll. Gerade bei großen Domains wie Online-Shops spielt das eine wichtige Rolle. Denn dort können – beispielsweise über zahlreiche Filteroptionen – viele irrelevante URLs entstehen, die den Index mit unwichtigen Inhalten befüllen. Vor allem Duplicate-Content (= gleiche Inhalte auf verschiedenen URLs) oder Thin-Content (= „dünne Inhalte") können einer Domain langfristig schaden und die gesamte Seitenqualität verringern. Diese Seiten sind in der Regel nicht relevant und sollten aus dem Index ausgeschlossen werden.
> **Die Problematiken bei indexierten Duplicate- und Thin-Content-Seiten sind**
>
> - Seitenqualität wird durch SEO-irrelevante Seiten verringert
> - Beeinflusst das Crawl-Budget und das Crawling negativ
> - Liefert dem User in der Regel keinen Mehrwert
> - Beeinflusst die Linkjuice-Verteilung, da irrelevante URLs Linkpower erhalten

> **Tipp**
> Für das Crawling ist es wichtig, dass überwiegend SEO-relevante URLs vom Suchmaschinenbot erfasst werden. Achten Sie also darauf, dass schlechter und minderwertiger Inhalt vermieden wird. Dieser kostet schließlich unnötiges Crawl-Budget.

6.1 Irrelevanten Content sofort löschen?

Die Strategie „Content löschen" ist besonders für große Websites relevant, bei denen der Content unkontrolliert gewachsen ist. Durch das Löschen irrelevanter Seiten und die Reduktion der vorhandenen Content-Massen rücken die wichtigen Seiten wieder in den Vordergrund. So bekommen diese eine höhere Chance, einen Platz auf den vorderen Plätzen der Suchergebnisse zu erhalten. Allerdings sollten auch verhältnismäßig kleine Websites regelmäßig prüfen, ob all ihre

Seiten relevant sind und dem User Mehrwert liefern. Am Beispiel von Blogs, Ratgebern, Magazinen oder Presseportalen ist unter anderem die Aktualität der Inhalte ein wichtiges Kriterium, das den bloßen Content zum relevanten Content macht.

> **Tipp:** Wer die Relevanz und Aktualität seiner Inhalte stets im Blick behält, dem ist es möglich, frühzeitig SEO-Maßnahmen zu definieren und durchzuführen.

Denn bisher erfolglose Inhalte sind noch lange nicht pauschal irrelevant und müssen sofort gelöscht werden. Im Folgenden werden daher die Schritte des Content-Managements erläutert (Abb. 6.1). Diese helfen dabei, vorhandene Inhalte richtig einschätzen zu können, diese zu

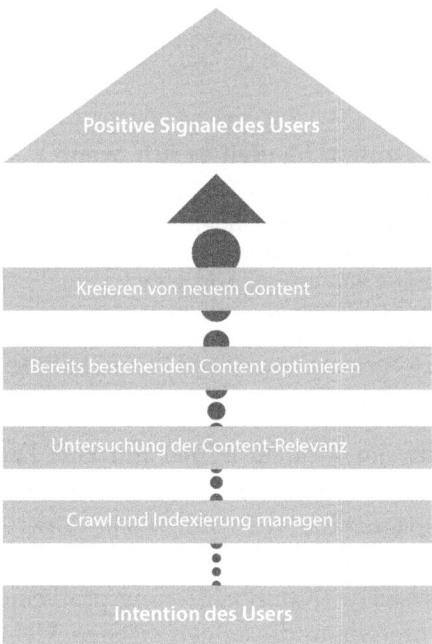

Abb. 6.1 Die Phasen des Content-Managements. (Quelle: eigene Darstellung nach Schiele 2017)

bewerten und auf Basis dessen die jeweils richtigen Maßnahmen zu wählen: Content löschen, optimieren oder neue Inhalte erstellen?

Phase 1: Crawl und Indexierung managen
In der ersten Phase des Content-Managements gilt es, den veralteten und irrelevanten Content zu beseitigen. Dieser Schritt betrifft meist Thin- und Duplicate-Content-Seiten oder solche, die über einen längeren Zeitraum keinen Traffic mehr gebracht haben. Diese Seiten sind anschließend zu löschen oder zu deindexieren. Das Ergebnis dieser Bereinigung ist ein gesteigerter Mehrwert für den User, durch die verfügbaren hochwertigen Inhalte. Diese sollten dabei so verlinkt sein, dass der User und Crawler alle Unterseiten problemlos erreichen können.

Irrelevanten Content erkennen Gehen wir von einem Online-Magazin mit einer Vielzahl veröffentlichter Blogartikel aus. Woran kann festgemacht werden, welche Artikel bedenkenlos gelöscht werden können, um das Crawl-Budget zu optimieren und ohne dem Online-Magazin aus SEO-Sicht zu schaden?

> **Um irrelevanten Content handelt es sich, wenn**
> - die Seite innerhalb einer gewissen Zeit keinen Traffic erbracht hat.
> - es sich um Duplicate-Content handelt.
> - Keywords mehrere rankenden URLs besitzen.
> - keine oder niedrige Impressions existieren.
> - keine oder schlechte Rankings vorhanden sind.
> - keine oder wenige Klicks vorliegen.
> - keine besondere Themenrelevanz und Dringlichkeit besteht.

Für ein Thema sollte im Idealfall immer nur eine Landingpage projektiert werden. Existieren auf einer Website sehr ähnliche Themen auf separaten Landingpages, die viele inhaltliche Überschneidungen aufweisen, so sollten diese auf einer Unterseite zusammengefasst werden. So können beispielsweise Kannibalisierungsprobleme vermieden werden. Diejenigen Unterseiten, die keinen eigenen Mehrwert liefern, werden im Rahmen der Zusammenführung gelöscht.

> **Achtung beim Löschen von Content**
> - Inhalte sollten auf derjenigen Unterseite vereint werden, die am besten performt (hinsichtlich Ranking, Traffic, Klickzahlen etc.).
> - Besitzen die zu löschenden Unterseiten Backlinks, so müssen diese auf die entsprechende neue Seite weitergeleitet werden, um keine Linkpower zu verschenken.

Durch die Löschung wird die Seite nicht mehr im Google-Index gelistet und nicht mehr gecrawlt, was entsprechend Crawl-Budget einspart. Folglich kann dieses effektiver für relevante Webseiten und Inhalte genutzt werden. Unter „Crawl-Budget" versteht man, wie viele Seiten gecrawlt werden. Das Budget ist dabei begrenzt. Ein genaues Limit ist aber nicht bekannt. Zudem kann nicht immer zu 100 % definiert werden, dass die wichtigsten Seiten von Suchmaschinen zuerst gecrawlt werden. Durch Optimierungsmaßnahmen, wie einer XML-Sitemap oder der internen Verlinkung beziehungsweise Seitenstruktur, kann jedoch das Crawling entscheidend beeinflusst werden.

Die Erstellung von Unique-Content gewinnt an Wichtigkeit und sollte in den Fokus eines jeden Webauftritts rücken. Dabei gibt es die Möglichkeit, neue Inhalte zu erstellen oder vorhandene Inhalte entsprechend zu optimieren. Welche Maßnahme dabei jeweils zutrifft, kann an der Content-Relevanz festgemacht werden.

Phase 2: Prüfung der Content-Relevanz

Im zweiten Schritt des Content-Managements wird der bestehende Inhalt hinsichtlich dessen Relevanz geprüft. Hierfür wird der Ist-Zustand der aktuell rankenden URLs und deren Keyword-Rankings ermittelt und auf Basis dessen ein optimaler Soll-Zustand entwickelt.

> **Dabei sind folgende Fragen zu beantworten**
> - Mit welchem Keyword rankt eine Seite aktuell?
> - Mit welchem Keyword sollte die Seite im Optimalfall ranken?
> - Warum rankt eine andere Seite anstelle der gewünschten Seite mit einem Keyword?
> - Wie viel Traffic erhalten die Seiten aus Suchmaschinen?
> - Besitzt die Seite Backlinks?

Häufig liegen Ist- und Soll-Zustand weit auseinander. Es ist daher essenziell, die Relevanz jeder Seite zu kennen und die aktuellen Rankings zu verstehen. Nur so ist es möglich, fundierte Entscheidungen zu treffen, ob Optimierungsmaßnahmen sinnvoll, umsetzbar und erfolgsversprechend sind.

Phase 3: Bestehende Inhalte optimieren
Passen Ist- und Soll-Zustand einer Seite nicht zusammen und rankt eine Seite auf ein falsches Keyword, so gilt es, den Inhalt so zu optimieren, dass die Seite eine Chance auf das richtige Keyword-Ranking erhält. Innerhalb dieses Aktualisierungs- und Optimierungsprozesses sind nicht nur Inhalte zu überarbeiten, sondern beispielsweise auch Verlinkungen anzupassen.

Hierbei sind speziell die Anchortexte interner Verlinkungen zu prüfen. Im Optimalfall verlinken dieselben Anchortexte auf eine spezifische Seite. Unterscheiden sich die Anchortexte oder verweisen dieselben Anchortexte auf verschiedene Seiten, so sind nicht nur die User verwirrt, sondern auch die Suchmaschinen. Schließlich ist nicht mehr zu erkennen, welche der Unterseiten die wichtigste für das relevante Keyword beziehungsweise den Anchortext ist.

Bei der Optimierung bestehender Inhalte wird angestrebt, dass die Webseiten dem jeweiligen Soll-Konzept möglichst nahekommen. In Abschn. 6.3 und 6.4 werden zwei Optimierungsstrategien vorgestellt, die sich auf die effiziente Nutzung und Anpassung von Inhalten als auch deren Formate konzentrieren.

Phase 4: Neuen Content schaffen
Wurde der irrelevante Content bereinigt oder optimiert, so gilt es zusätzlichen, neuen Content zu schaffen. In dieser Phase werden entsprechend relevanter Keywords, zu denen noch kein Content besteht, neue Inhalte erstellt. Dabei sollte zu jeder Zeit die Intention der User (siehe Abschn. 4.2) bedacht werden. So benötigen transaktionale Suchanfragen andere Suchergebnisse als beispielsweise informative Suchanfragen. Nur wer die Intention der Suchenden richtig verstanden hat und entsprechend beantwortet, wird mit neuem Content die Nutzerbedürfnisse befriedigen können. In folgendem Abschn. 6.2 wird erläutert, wie besonders langlebige Inhalte erstellt werden können.

6.2 Evergreen-Content schaffen

Der Begriff „Evergreen-Content" wird für Inhalte verwendet, die nicht veralten und in der Regel einen zeitlosen Charakter haben. Diese Art von Inhalten ist besonders langlebig und besitzt keine saisonalen Bezüge. Evergreen-Content stellt für den User also lange Zeit einen Mehrwert bereit. Solche Inhalte zu schaffen ist zwar aufwendig, dafür aber langlebig – und es zahlt sich aus. Gerade dann, wenn gründlich und umfangreich recherchiert wird, um holistische Inhalte zu schaffen, die den Content der Konkurrenz übertreffen.

Es lassen sich verschiedene Arten und Formate von Evergreen-Content unterscheiden. Wichtig ist dabei lediglich, dass es sich um Inhalte oder Themen handelt, die von zeitlosem Interesse für die Zielpersonen sind. Häufig werden die „immergrünen" Inhalte für breite Zielgruppen und ein größeres Publikum erstellt. Ebenso kann Evergreen-Content aber auch für kleinere und spezifische User-Gruppen geschaffen sein. Sowohl Abnehm-Tipps als auch Fachartikel wie „10 Expertentipps für suchmaschinenoptimierten Website-Content" können demnach zu Evergreen-Content werden.

Einige Beispiele für typische Evergreen-Content-Formate:

- Blog-, Magazin- oder Ratgeberartikel
- Lexika und Wikis
- Geschichtliche Themen, Mythen oder Mysterien
- Rankings und Rekorde

Die Erstellung von Evergreen-Content
Im Unterschied zu saisonalen Inhalten oder solchen mit einem klaren Aktualitätsbezug geht es bei der Erstellung von Evergreen-Content darum, die Fragen der Zielgruppe genau zu kennen. Gerade diese, die zeitlich ungebunden sind und die Nutzer auch in einigen Jahren noch beschäftigen werden, sind für die Evergreen-Content-Erstellung relevant. Eine genaue Kenntnis über die Zielgruppe und deren Probleme, Fragen und Informationsbedürfnisse zu haben, ist hierfür von grundlegender Wichtigkeit.

Was ist bei Evergreen-Content zu beachten?
Bei jeder einzelnen Suchanfrage wird von Suchmaschinen wie Google erneut bewertet, wie wichtig und relevant eine Seite und deren Content für den User ist. Hierfür werden unter anderem Kriterien, wie das Datum der Veröffentlichung oder eines inhaltlichen Updates und einer Neuveröffentlichung (siehe auch Abschn. 6.3), herangezogen. Wer Evergreen-Content auf seiner Website effizient einsetzen möchte, muss sich also darüber im Klaren sein, dass eine einmalige Veröffentlichung und eine konstante Nachfrage zu einem Themengebiet allein keine relevanten Rankingfaktoren darstellen. Damit Google einem User die optimale Antwort auf seine Suchanfrage bereitstellen kann, sind Website-Betreiber dazu angehalten, ihren Content regelmäßig auf Aktualisierungen oder Verbesserungen hin zu prüfen. Schließlich herrscht nicht nur für technische Themen, sondern auch für zeitlose Inhalte eine rege Dynamik und stetige Veränderung im Netz. Hinzu kommt, dass die Webmaster umso mehr Kriterien optimieren und erfüllen müssen, je höher die Konkurrenz zu einem Evergreen-Thema rankt.

Vorteile von Evergreen-Content
Evergreen-Content macht eine Webseite für eine breite Zielgruppe langfristig interessant. Gleichzeitig werden relevante Keywords über einen längeren Zeitraum abgedeckt und somit im Optimalfall stabile Positionen in den Google-Suchergebnissen erzielt. Durch interessante Inhalte, die zum Klicken und Lesen anregen, werden User-Behavior-Daten positiv beeinflusst. So sind beispielsweise gesteigerte Traffic-Werte, Seitenaufrufe oder eine längere Verweildauer zu erwarten. Außerdem sinkt die Absprungrate mit der Attraktivität der Webseiten-Inhalte. Ein wünschenswerter Nebeneffekt von Evergreen-Content und Content-Marketing an sich sind Links und Verweise auf die Seite, die auf natürliche Weise und ohne Bezahlung entstehen. Auch ein angeregtes Social-Engagement und die Verbreitung der Inhalte über die sozialen Netzwerke sind relevante Nebeneffekte. Je nach Themen- und Imageausrichtung kann Evergreen-Content die Reputation eines Unternehmens und einer Website stärken. So verstärken besonders hilfreiche Inhalte oder nützliches Fachwissen die wahrgenommene

Expertise einer Seite und der dahinterstehenden Brand. Somit kann Evergreen-Content auch für Image- und Branding-Zwecke genutzt werden.

6.3 Republishing vorhandener Inhalte

Beim Republishing vorhandener Inhalte handelt es sich um inhaltliche Updates und die Neuveröffentlichung bereits bestehenden Contents mit einem neuen Zeitstempel. Neben der Erstellung neuer Inhalte wird hierbei vorhandener Content auf das nächste Level gehoben und effizient genutzt. Es geht also grundsätzlich darum, Inhalte intelligent zu recyceln und erneut der Zielgruppe bereitzustellen. Der Content sollte dabei niemals unverändert bleiben und lediglich neu veröffentlicht werden – es bedarf immer einer Anpassung. Andernfalls wäre das Republishing eine Maßnahme ohne Mehrwert für den Nutzer.

Mögliche Anpassungen vorhandener Inhalte sind beispielsweise:

- Inhaltliche Korrekturen
- Aktualisierungen
- Erweiterungen

Der in Abschn. 6.2 beschriebene Evergreen-Content bietet eine optimale Basis für Republishing-Maßnahmen. Langlebige Inhalte können regelmäßig adaptiert und etwas angepasst werden, ohne dass ein großer Aufwand dahintersteht. Warum also viel Mühe in die stetige Erstellung neuer Inhalte investieren, wenn auch mit kleinen Aufwänden Erfolge erzielt werden können?

Content fürs Republishing finden

Content, der bereits gut funktioniert und bei der Zielgruppe beliebt ist, eignet sich optimal für eine Neuveröffentlichung. Gerade dann, wenn es sich nicht um Hype-Themen, sondern um zeitlose, hilfreiche, informative und fesselnde Inhalte handelt. Wer bei der ersten Veröffentlichung bereits begeistert war, der wird es mit einer hohen Wahrscheinlichkeit auch ein zweites Mal sein. Aber gerade auch Inhalte, die noch nicht funktioniert haben, jedoch ein klares Potenzial in sich tragen, können für Republishing-Maßnahmen herangezogen werden. Möglicherweise wurde beim ersten Mal der falsche Zeitpunkt, der falsche Kanal oder das falsche Design gewählt. Durch Anpassungen dieser und weiterer Faktoren können aus bisherigen Flops echte Lesermagnete werden. Weitere Republishing-Potenziale können sich auch außerhalb der eigenen Website verbergen. Wurden beispielsweise in der Vergangenheit Gastartikel geschrieben und auf externen Seiten platziert, so können diese als Basis herhalten und in umformulierter, erweiterter und verbesserter Form auf der eigenen Website erneut veröffentlicht werden.

Generell gilt, dass besonders suchvolumenstarke Themen und bereits gut performende Artikel sich für Republishing-Maßnahmen eignen. Gerade dann, wenn sich veraltete Artikel auf Schwellenpositionen befinden, können entsprechende Anpassungen und die Neuveröffentlichung einen wahren SEO-Boost bedeuten. Auf organischem Wege kann der Artikel über Republishing-Maßnahmen wieder auf höhere und sichtbare Rankingpositionen katapultiert werden, auf denen generell mehr Traffic generiert werden kann.

Weitere Kennzahlen und Merkmale, anhand derer sich Republishing-Potenziale erkennen lassen, sind beispielsweise:

- **Backlinks:** Eingehende Links können als Weiterempfehlungen anderer gewertet werden. Je mehr natürliche qualitativ hochwertige Backlinks bestehen, desto höher die Search-Authority des eigenen Contents.
- **Traffic:** Content, der viel und vor allem lange Zeit Traffic bringt, ist bei der Zielgruppe beliebt. Um Traffic-Entwicklungen beobachten und vergleichen zu können, sollten die Zahlen über einen bestimmten Zeitraum betrachtet werden.
- **Social-Engagement:** Content, der oft geteilt, kommentiert oder mit „Gefällt mir" markiert wurde, trifft offenbar den Geschmack der Zielgruppe.

Content erneut veröffentlichen
Eine schlechte Content-Performance nach der ersten Veröffentlichung bedeutet nicht immer, dass die Inhalte schlecht oder irrelevant sind.

Häufig war der Zeitpunkt falsch gewählt oder der Post wurde zu wenig beworben. Eine weitere Begründung des Misserfolgs kann sich auch hinter der damaligen Zielgruppenansprache verbergen. Dies sind aber alles keine Gründe, um den eigentlich guten Content in Vergessenheit geraten zu lassen, bevor er jemals Erfolge einfahren durfte. Beim Republishing bieten sich Möglichkeiten, die begangenen Fehler zu beheben und Versäumnisse nachzuholen. Die vorhandenen Inhalte sind hierfür noch mal gründlich zu prüfen und anschließend zu optimieren. Möglicherweise müssen ganze Passagen aktualisiert werden. Vor allem bei sehr dynamischen Themen ist an dieser Stelle Vorsicht und Gründlichkeit geboten. Neben den eigentlichen Inhalten müssen auch die Headline sowie Meta-Titles und Meta-Descriptions ansprechend gestaltet werden. Diese könnten bei der ersten Veröffentlichung auf die Zielgruppe nicht klickwürdig genug gewirkt haben. Zu guter Letzt gilt es auch, das Bild-, Grafik- oder Videomaterial anzupassen, um den Geschmack der Zielpersonen zu treffen.

Zwei Basic-Tipps für Ihre Republishing-Maßnahmen
1. Sprechen Sie neben Ihrer bestehenden Zielgruppe auch ein neues Publikum an. Möglicherweise sind die Inhalte auch für andere Personen interessant und hilfreich. Hinter diesem Gedankengang können sich große Potenziale verbergen. Schließlich lassen sich mit relativ geringem Aufwand vorhandene Inhalte einer neuen und großen Gruppe unterbreiten.
2. Nutzen Sie mehrere Kanäle gleichzeitig (siehe auch Abschn. 6.4), um Ihre Zielgruppe an verschiedenen Touchpoints anzusprechen. Schließlich hält sich nicht jeder zur gleichen Zeit auf denselben Plattformen auf und ist für dieselben Formate empfänglich. Eine Varianz in Verbreitung und Content-Darstellung ermöglicht eine effizientere Zielgruppenansprache und die Ansprache weiterer Personen, die über den herkömmlichen Kanal nicht erreichbar gewesen wären.

6.4 Repurposing vorhandener Formate

Beim Repurposing werden vorhandene Content-Formate wiederverwendet. Es geht dabei um einen effizienten Formatwechsel und die Anpassung der Inhalte an verschiedene relevante Kanäle.

Hinter dieser Strategie verbirgt sich ein vergleichsweise sehr geringer Rechercheaufwand, da sich die Anpassungen vorzugsweise auf den Formatwechsel an sich beziehen und weniger auf die Inhalte.

So lässt sich der Content für mehrere zielgruppenrelevante Kanäle und Plattformen nutzen, was die Ansprache der Zielpersonen wesentlich effizienter gestaltet. Schließlich wird nicht nur ein und derselbe Content an verschiedenen Touchpoints zum User gebracht – er variiert auch je nach Kanal in seiner Darstellung. Die Inhalte werden auf diesem Weg massentauglich gemacht, da sie über mehrere Kanäle verschiedene Zielgruppen erreichen und zudem mit den unterschiedlichen Darstellungsweisen und Designs verschiedene Geschmäcker treffen. Es können also schlichtweg mehr User abgeholt und für den Content begeistert werden. Aber auch ein einzelner User wird davon positiv beeinflusst. Schließlich durchläuft er einen wesentlich effizienteren Kaufentscheidungsprozess, wenn er mehrfach und auf verschiedene Arten und Weisen als auch über unterschiedliche Kanäle mit einer Werbebotschaft in Berührung kommt. Die Brand-Awareness oder das Bewusstsein für ein Thema wird dadurch enorm unterstützt.

Ein weiterer Vorteil des Formatwechsels ist, dass gerade langlebige Themen (siehe auch Abschn. 6.2) über Anpassungen im Design oder der Kanaltauglichkeit modern bleiben – selbst dann, wenn sich an den Inhalten nicht sonderlich viel geändert hat. Des Weiteren kann ein Formatwechsel – gerade bei komplexeren Themen – für ein besseres Verständnis des Contents sorgen. So kann ein Thema kanalübergreifend behandelt und auf verschiedene Arten vermittelt werden. So zum Beispiel über einen Fachartikel im Blog, Infografiken in den sozialen Netzwerken und Video-Tutorials auf YouTube. Als letzter beispielhafter Benefit von Formatwechseln lässt sich die Erstellung von Whitelabel-Content nennen. Häufig eignen sich Inhalte gerade dann besonders gut zur Verbreitung, wenn sich nicht völlig offensichtlich eine Marke dahinter verbirgt. Typischer Brand-Content kann also oftmals wesentlich besser und schneller verbreitet werden, wenn hierfür die Whitelabel-Version genutzt wird und die Marke dahinter nicht zu erkennen ist.

Es gibt eine Vielzahl an Möglichkeiten, einer Zielgruppe auch das letzte Quäntchen Nutzen zugänglich zu machen. Indem Sie sowohl bei den Inhalten als auch deren Form variieren, erreichen Sie nicht nur die eigene Zielgruppe, sondern möglicherweise auch weitere Personen wesentlich effizienter, als es mit einem bloßen Blogartikel möglich gewesen wäre. Einige abschließende Beispiele für einen Formatwechsel sind:

- Ratgeberartikel → Video-Tutorial
- Video-Tutorial → Infografik
- Infografik → Social-Media-Post
- Social-Media-Post → Blogartikel
- Blogartikel → Podcast
- Podcast → Printartikel

> **Ihr Transfer in die Praxis**
> - Optimieren Sie Ihr Crawl-Budget indem Sie irrelevante URLs löschen und indexieren Sie ausschließlich relevante Inhalte.
> - Nutzen Sie die Prinzipien des Content-Managements.
> - Welche Inhalte können tatsächlich gelöscht werden?
> - Definieren Sie den irrelevanten Content auf Ihrer Website anhand von relevanten Metriken.
> - Prüfen Sie die Content-Relevanz Ihrer Inhalte.
> - Verfassen Sie Optimierungsstrategien für bestehende Inhalte.
> - Schaffen Sie neuen Content, der Ihre Website langfristig unterstützt.
> - Wählen Sie Evergreen-Themen, um Content einfach optimieren zu können.
> - Nutzen Sie vorhandene Inhalte und optimieren und veröffentlichen Sie diese neu.
> - Wählen Sie neue Formate für bereits bestehende Inhalte.

Literatur

Schiele, Jutta. 2017. SEO-Content-Management: Wie das Löschen von unwichtigen Seiten die Sichtbarkeit steigert. https://w-em.com/blog/loeschen-von-unwichtigen-seiten-steigert-sichtbarkeit/. Zugegriffen: 15. Aug. 2018.

Weiterführende Literatur

Holl, Alexander. o. J. Wie du deinen Content durch Republishing effizient einsetzt und so das meiste aus ihm herausholst. https://www.121watt.de/analyse-optimierung/republishing/. Zugegriffen: 15. Juni 2018.

Ryte. Evergreen content. https://de.ryte.com/wiki/Evergreen_Content. Zugegriffen: 15. Juni 2018.

7
Ausblick: Wohin mit all dem Content?

Eine berechtigte Frage, oder? Wir erstellen und erstellen Inhalte, aber werden sie auch jemals gelesen? Werden jemals ALLE Inhalte, die im Web umherschwirren gelesen? Natürlich nicht. Aber weshalb dreht sich aktuell alles um Inhalte, Content, Formate, Reichweite, Branding, Repurposing, Republishing, Evergreen, SEO-Content und Co.? Die Buzzwords nehmen kein Ende und sind bei jeder Online-Marketing-Konferenz nicht nur einmal zu hören – und auch nicht nur in Deutschland. Wie bereits öfter in diesem Quick-Guide zu lesen war: Es geht nicht um die Quantität, sondern um die Qualität. Was heute gemacht wird, kann wohl eher als „Aufräumaktion" nach einem wilden Content-Hurricane gesehen werden, der das Internet mit tausenden, sinnlosen Inhalten überflutet und verwüstet hat. Denn noch immer sind Shop-Texte mit maximalem Keyword-Spamming zu finden, schlecht geschriebene Ratgebertexte ohne Mehrwert, Blogartikel von Hobbyschreibern und noch viel mehr schlechter Content, der hochwertige Suchergebnisse blockiert, weil er es doch ab und an in die Top 10 schafft.

Und genau hier gilt es anzusetzen. Nach der Verwüstung durch den Hurricane müssen Aufräumarbeiten durchgeführt werden, die leider lange Zeit andauern. Denn wir sind auch nur Menschen und keine Maschinen, die innerhalb weniger Zeit Texte verfassen können. Doch vielleicht sind Maschinen eine Möglichkeit, schnell hochwertige Inhalte zu erstellen? Haben Maschinen eine Chance, den Menschen den Platz als Online-Redakteure und Content-Marketers streitig zu machen?

Künstliche Intelligenz ist schon lange keine Zukunftsvision mehr. Sie ist brandaktuell und wird in der IT, Robotik, Medizin und vielen weiteren wissenschaftsbasierten Branchen eingesetzt. Pam Didner, Autorin und Marketing-Consultant, teilt die Künstliche-Intelligenz in drei Bereiche ein (Didner 2018):

1. **Schwache AI:** Die Maschine führt eine Aufgabe vollständig aus und passt ihr Verhalten den individuellen Situationen an, z. B. Siri, Google Translate, selbstfahrende Autos
2. **Allgemeine, starke AI:** Die Künstliche-Intelligenz ist sehr menschenähnlich, kann intellektuelle Aufgaben ausführen und die Umgebung wie ein Mensch verstehen und handeln.
3. **Super AI:** Die Künstliche-Intelligenz ist viel intelligenter als die schlausten Menschen der Welt und übertrifft diese Personen in jeglicher Hinsicht.

Mit der Einführung verschiedener Tools zum Verfassen von Texten und der Übernahme verschiedener Analysen kam auch die Angst bei Online-Redakteuren und Content-Marketers: Werden wir überhaupt noch gebraucht? Die Antwort ist klar: Ja!

Denn betrachten wir die drei Arten der Künstlichen-Intelligenz, ist schnell zu sehen: Wir befinden uns noch ganz zu Beginn der Entwicklung und müssen uns ganz und gar nicht von den Maschinen einschüchtern lassen. Die bisher veröffentlichen Tools sind vielmehr ein Hilfsmittel als ein aktiver Konkurrent, der irgendwann unseren Arbeitsplatz übernimmt. Denn hierzu fehlt den Maschinen wichtige Komponenten: Intelligenz, Empathie, menschliches Gefühl. Tools und Maschinen können Denken und Antworten wie ein Mensch, z. B. Siri, Alexa und Co. Doch all das basiert auf Wahrscheinlichkeiten, die wir Menschen den Maschinen beigebracht haben. Die Damen hinter unseren Geräten sind nur so klug wie wir sie programmiert haben.

7 Ausblick: Wohin mit all dem Content?

Und wahre Intelligenz besteht darin, menschliches Verhalten zu zeigen, unsere Umgebung zu erkennen und zu verstehen.

Das zeigt auch ein Beispiel der Washington Post. Während des Wahlkampfes zur amerikanischen Präsidentschaftswahl 2016 wurde ein Textroboter eingesetzt, der die Journalisten bei der Erstellung aktueller News unterstützen sollte. Innerhalb eines Jahres schrieb der Roboter über 850 Artikel (Moses 2017). Der große Vorteil dabei war schnell zu erkennen: 500 Artikel der 850 veröffentlichten Artikel behandelten das Thema Wahlkampf und generierten über 500.000 Klicks. Durch den Einsatz dieser AI konnten sich Journalisten ausführlichen Recherchen zu anderen aktuellen Themen widmen. Wie sich dieser Trend weiterentwickelt bleibt abzuwarten, jedoch ist es durchaus eine sinnvolle Unterstützung im Alltag. So auch Tools, die aus Werten und Statistiken einen Fließtext erstellen und so wertvolle Zeit bei der Auswertung sparen.

Ein Gegenbeispiel, um zu zeigen, dass künstliche Intelligenz nicht immer sinnvolle Inhalte liefert, soll diesen Quick Guide abschließen. Es steht nicht im direkten Kontakt mit Online-Marketing, jedoch zeigt es ganz klar: Künstliche Intelligenz ist nicht immer so klug wie sie scheint.

Eine Community (Botnik) aus Textern, Künstlern und Technikern produziert mithilfe von Technik verschiedene Texte zu unterschiedlichen Themen. 2017 fütterten sie eine Künstliche-Intelligenz mit allen sieben Teilen des Harry-Potter-Universums. Ziel war es, eine Fan-Fiction erstellen zu lassen. Das Ergebnis: *Harry Potter and the Portrait of What Looked Like a Large Pile of Ash* (Botnik). Bereits die ersten Seiten zeigen, dass der Satzbau und die Struktur durchaus von einem Menschen geschrieben sein könnten – die Inhalte sind allerdings garantiert nicht von J. K. Rowling verfasst. Ein kurzer Einblick:

> Harry, Ron, and Hermione quietly stood behind a circle of Death Eaters who looked bad. 'I think it's okay if you like me,' said one Death Eater. 'Thank you very much,' replied the other. The first Death Eater confidently leaned forward to plant a kiss on his cheek. 'Oh! Well done!' said the second as his friend stepped back again. All the other Death Eaters clapped politely. Then they all took a few minutes to go over the plan to get rid of Harry's magic.

[…]
'Voldemort, you're a very bad and mean wizard,' Harry savagely said. Hermione nodded encouragingly. The tall Death Eater was wearing a shirt that said '*Hermione Has Forgotton How To Dance*', so Hermione dipped his face in mud (Botnik 2018).

Wenn Sie also das nächste Mal Content planen und erstellen: Informieren Sie Ihre Kunden und Interessenten und überzeugen Sie sie durch emotionale Werte und Nahbarkeit. Wenn Sie dabei die Regeln der Suchmaschinenoptimierung nicht vergessen und regelmäßige Optimierungsstrategien anwenden, können Sie großartige Erfolge erzielen!

Literatur

Botnik, o. A. 2018. Harry potter. http://botnik.org/content/harry-potter.html. Zugegriffen: 15. Juni 2018.

Didner, Pam. 2018. Humans vs. machines. Is content marketing doomed? https://www.pamdidner.com/content-marketing/humans-vs-machines-content-marketing/. Zugegriffen: 01. Aug. 2018.

Moses, Lucia. 2017. The Washington Post's robot reporter has published 850 articles in the past year. https://digiday.com/media/washington-posts-robot-reporter-published-500-articles-last-year/. Zugegriffen: 18. Juni 2018.

Anhang Tool-Tipps

Tab. A1 Tool-Tipps

Tool-Name	Beschreibung
Quiveo	Onsite-Marketing-Tool; Scroll-Level-Targeting, Conversion-Rate-Optimierung, Integration von Interstitials
Ryte	Digital-Marketing-Toolset für Website-Analyse, Textanalysen und Suchmaschinenoptimierung
Termlabs.io	TF*IDF-Analyse, W-Fragen, datenbasierte Textanalysen, Content-Analyse und -Bewertung
W-fragen-tool	W-Fragen
AnswerThePublic	W-Fragen
Screaming Frog	Website-Crawler zur Bewertung von Onsite-SEO-Faktoren
Google Analytics	Webanalyse-Tool
Majestic	Backlink-Datenbank
Ahrefs	Wettbewerbsrecherche, SEO-Backlink-Checker
SISTRIX	SEO-Tool
Google Search Console	Kostenloses Analyse-Tool von Google
Ubersuggest	Content-Ideen, Wettbewerbsanalyse, Keywordrecherche
Hypersuggest	Content-Ideen, Keywordrecherche
Serpsimulator	Snippet-Optimierung (Desktop)
Mobileserps	Snippet-Optimierung (Mobile)
Wortliga	Sprachliche Kontrolle
LanguageTool	Sprachliche Kontrolle (Browser-Add-On)
SEOQuake	Schnelle SEO-Diagnose der URL (Browser-Add-On)

Tool-Tipps für die Unterstützung bei der Content-Erstellung und im Content-Marketing

Glossar

Backlinks Ein Backlink ist ein externer Link, der von einer unternehmensfremden Website auf die eigene Landingpage verweist, sozusagen ein Rückverweis. Backlinks können nicht direkt beeinflusst werden, weshalb sichergestellt werden muss, dass sie von vertrauenswürdigen Linkgebern kommen. Rückverweise sind für das Suchmaschinenranking relevant und sollten hochwertig sein, in Maßen verwendet werden und einen natürlichen Ankertext beinhalten. Backlinks können auch interner Natur sein und innerhalb einer Website auf Unterseiten verweisen.

Branding Branding bezeichnet die Entwicklung eines Markennamens zu einer starken Repräsentation des Unternehmens. Ziel ist es, sich durch Branding von den Wettbewerbern abzugrenzen – USPs, Image, Produkte und Dienstleistungen sind dabei ausschlaggebend. Durch gezielte Kampagnen können Botschaften vermittelt und so ein emotionaler Bezug zum Kunden entwickelt werden.

Cloaking Cloaking (deutsch: verhüllen) ist eine Technik in der Suchmaschinenoptimierung, um dem Crawler unter der gleichen URL andere Inhalte als dem User zu präsentieren. Ziel dabei ist es, das Ranking der URL zu verbessern, indem die SEO-Inhalte ausschließlich dem Crawler gezeigt werden, während der User attraktiv-gestaltete Landingpage zu Gesicht bekommt.

Content Content (deutsch: Inhalt) bezieht sich auf die Gesamtheit der Medien und Medieninhalte, die im Web zu finden sind. Für jeden Marketer bedeutet Content etwas anderes. In der Suchmaschinenoptimierung sind es Webtexte, die unter SEO-Gesichtspunkten optimiert wurden, während im Content-Marketing informative Inhalte, die emotional aufbereitet werden, im Fokus stehen. Für Suchmaschinenmarketing sind es die Textanzeigen in der Suchmaschine.

Content-Arten
- **Social-Content:** Als Social-Content werden alle Inhalte verstanden, die über öffentliche Plattformen und soziale Medien erstellt oder verbreitet werden.
- **Paid-Content:** Paid-Content bezeichnet jede Form von Inhalten, die innerhalb bezahlter Werbemaßnahmen verbreitet werden. Hierbei handelt es sich um die meistgenutzte Werbeform, auf die Unternehmen im Internet zurückgreifen, um ihren Content gezielt zu bewerben und den Reichweitenaufbau anzukurbeln.
- **Earned-Content:** Unter Earned-Content werden Inhalte verstanden, die vom Nutzer selbstständig verbreitet werden. Die Zielgruppe wird dadurch zu einem eigenen Kanal und hilft Unternehmen dabei, mehr Reichweite zu generieren.
- **Owned-Content:** Owned-Content steht für alle Inhalte, die über die eigenen Kanäle eines Unternehmens verbreitet werden. So zum Beispiel über die Website, den monatlichen Newsletter, den eigenen Blog-, Ratgeber- oder Magazinbereich und diverse Social-Media-Accounts.

Content-Marketing „Content-Marketing" steht für Marketingmaßnahmen, die Inhalte über verschiedene Kanäle zum User transportieren und dabei stets den Nutzen für die Zielgruppe fokussieren. Denn statt eines reinen Verkaufsgedankens hat Content-Marketing die Bereitstellung eines inhaltlichen Mehrwerts zum Ziel.

Content-Strategie Eine Content-Strategie beinhaltet die Planung, Kreation und Beschaffung sowie das operative Management von nützlichen und verwertbaren Inhalten. Sie dient der Produktion von Inhalten, welche die Wünsche der Kunden und des Unternehmens optimal präsentieren. Eine zielführende Content-Strategie definiert Strukturen und Prozesse und dient als Basis für das Content-Marketing.

Customer-Journey Die Customer-Journey ist die Reise des Kunden durchs Web, bei dem er sogenannten Touchpoints folgt, bis er seine endgültige Kaufentscheidung trifft.
- **Awareness (Problembewusstsein und Bedürfnis):** Der Kunde ist sich über das Produkt oder Angebot bewusst, hat sich aber noch nicht für ein

spezielles Produkt entschieden oder Präferenzen entwickelt. Häufig besteht noch kein konkreter Kaufbedarf.
- **Consideration (Suche nach einer Problemlösung):** In der Consideration-Phase wird über den Kauf eines Produktes oder die Inanspruchnahme eines Angebots nachgedacht. Dabei wurde häufig noch nicht präferiert.
- **Purchase/Decision (Kauf und erste Erfahrungen):** In der Purchase-Phase wird gekauft – oder eine andere Zielhandlung durchgeführt (Bestellung, Abonnement, Anfrage etc.).
- **Loyalty (Promotion und Markentreue):** Wenn der Kunde in der After-Sales-Phase weiterhin zufrieden gestellt wurde, wird die Loyalty-Phase erreicht. In dieser verhält sich der Kunde sehr markentreu und zieht keinen Wechsel in Erwägung. Das kann als Kundenbindung erfolgreich abgehakt werden.

Hummingbird-Update Das Hummingbird-Update zielt auf die Änderung des Query-Processings beziehungsweise das bessere Verständnis der vom User eingegebenen Suchanfragen ab. Ziel ist es daher, Suchanfragen besser zu verstehen und die semantischen Zusammenhänge besser interpretieren zu können. So werden nicht mehr nur einzelne Wörter/Terme zusammenhangslos interpretiert und ein passendes Suchergebnis ausgegeben, sondern die Suchanfrage im Gesamten. Es erschien am 26.09.2013.

Image Das Image eines Unternehmens definiert sich über dessen Wahrnehmung durch die Öffentlichkeit. Grund dafür sind die Handlungsweisen und die Selbstdarstellung, die den Kunden vermittelt werden. Da es sich um einen subjektiven Eindruck beim Gegenüber handelt, kann das Image durch gezielte Aktionen positiv beeinflusst werden.

Keyword-Stuffing Keyword-Stuffing (deutsch: stopfen, vollstopfen) bezeichnet die starke Anreicherung eines Textes mit einem Keyword. Dieses Phänomen wurde vor allem zu Beginn des SEOs verwendet, um die Sichtbarkeit einer URL schnell zu erhöhen. Dies kann entweder innerhalb der Metadaten, Linktexten oder in Form von Texten – sichtbar oder unsichtbar – erfolgen. Suchmaschinen strafen dieses Verhalten ab.

Link-Schemes Unter Link-Schemes ist die Manipulation der Links zu verstehen, die dazu dienen sollen, den PageRank oder das Ranking einer Website in den Google-SERPs positiv zu beeinflussen. Dies schließt sowohl ausgehende als auch eingehende Links auf die Website ein. Auch das Kaufen und Verkaufen von Links oder das exzessive Veröffentlichen von Gastbeiträgen ist negativ behaftet.

Panda-Update Das erste Panda-Update wurde Anfang 2011 für alle Sprachen weltweit ausgerollt. Das Update betrifft nicht nur einzelne Unterseiten oder URLs, sondern die gesamte Domain eines Betreibers und soll der Erkennung minderwertiger Inhalte dienen. Dem Suchenden sollen hochwertige Ergebnisse geliefert werden, die ihm so schnell wie möglich das für seine Suche beste Ergebnis liefern.

Penguin-Update Am 24.04.2012 wurde das Penguin-Update ausgerollt, das sich gegen Webspam-Techniken aufbäumte. Unter Webspam versteht Google sämtliche Techniken, die gegen die Google-Webmaster-Guidelines verstoßen. So zum Beispiel Keyword-Stuffing, Link-Schemes oder Cloaking. Vor allem jedoch betraf der Filter Webseiten mit einem sichtlich künstlichen Backlinkprofil.

Scrollytelling Phonetisch leitet sich der Begriff ab vom Storytelling, also dem „Geschichten erzählen". Beim Scrollytelling geht es um eine Landingpage, die ihre Geschichte Stück für Stück aufbaut, indem der User entlang der Landingpage scrollt und so die Geschichte liest.

Social-Engagement Social-Engagement bezeichnet die soziale Mitwirkung in einer Online-Community oder sozialen Netzwerken. So kann das Gespräch unter Kunden beispielsweise auf Social-Media-Plattformen wie Twitter, Facebook oder LinkedIn oder in Blogs und Foren stattfinden. Durch das Engagement der Nutzer können Unternehmen mit Kunden und Interessenten in Kontakt bleiben, um direktes Feedback einzuholen und in Unternehmensprozessen zu integrieren.

User-Behavior-Daten Darunter sind die messbaren Verhaltensweisen von Webseiten-Besuchern zu verstehen, die unter anderem Aufschluss über die Relevanz und Qualität der bereitgestellten Inhalte geben können. Sie werden von Google bei der Ranking-Bewertung herangezogen und sind daher von großer Wichtigkeit für Content-Marketer, um einen wesentlichen Einfluss auf die Daten bewirken zu können.

User-Intent Beim User-Intent handelt es sich um die Absicht des Users, mit der Eingabe seiner Suchanfrage die bestmögliche Antwort darauf zu erhalten. Dabei lässt sich zwischen navigationalen, informationalen und transaktionalen Suchanfragen unterscheiden.

Webspam Unter Webspam versteht Google sämtliche Techniken, die gegen die Google-Webmaster-Guidelines verstoßen, zum Beispiel Keyword-Stuffing, Spamdexing, Link-Schemes oder Cloaking. Dabei geht es um Inhalte, die dem Nutzer keinen Mehrwert bieten. Techniken sind beispielsweise die repetitive Verwendung von Text oder die extreme Verlinkung auf andere Webseiten.

The manufacturer's authorised representative in the EU is Springer Nature Customer Service Centre GmbH, Europaplatz 3, 69115 Heidelberg, Germany. If you have any concerns regarding our products, please contact ProductSafety@springernature.com

Printed and bound by CPI Group (UK) Ltd, Croydon, CR0 4YY

25/03/2026

02078214-0007